神話のなかのヒメたち

イザナミノミコト、天照大御神から飯豊王まで

産経新聞取材班

潮書房光人新社

上一宮大粟神社の新嘗祭で舞う子供たち。同神社はオオケツヒメを祭っている（徳島県神山町）

黄泉比良坂の伝承地。賽の神に小石が積まれている（島根県松江市東出雲町）

日本海を望む海望公園に立つ奴奈川姫の像（新潟県糸魚川市）

玄界灘に浮かぶ大島。タキリビメを祭る沖ノ島はさらに沖にある。写真右上は、沖津宮遥拝所から見た玄界灘（福岡県宗像市）

トヨタマビメの妹、タマヨリビメを祭る宮浦神社（宮崎県日南市）

神功皇后が男髪になったと伝わる御島神社は博多湾内の香椎潟に建つ（福岡県福岡市東区）

伊弉諾神宮の境内にある夫婦大楠。イザナキ、イザナミの神霊が宿ると伝わる（兵庫県淡路市）

イハノヒメの陵墓とされるヒシアゲ古墳。巨大な前方後円墳、二重周濠など、仁徳天皇陵との類似性が指摘される（奈良県奈良市）

オオクニヌシがタケミカヅチと交渉したとされる稲佐の浜（島根県出雲市大社町）

産経NF文庫
ノンフィクション

神話のなかのヒメたち

イザナミノミコト、天照大御神から飯豊王まで

産経新聞取材班

潮書房光人新社

はじめに

神や王、英雄たちを成長させたのは間違いなく、周囲にいたヒメたちだった

「日の本は女ならでは夜の明けぬ国」

この戯言のような言葉を聞いた人は多いのではなかろうか。狂歌ともいわれるものだが、実は神話を出どころにしている。

須佐之男命の乱暴狼藉に手を焼いた天照大御神が天石屋《あめのいはや》に隠れ、天上界も地上界も真っ暗闇になった。困り果てた八百万の神々が石屋の前でにぎやかなお祭りをし、天照大御神に出てきてもらって太陽が復活した。この時の罪で須佐之男命は地上界に追放され、天照大御神は高天原で最高神の地位を確立する。天石屋隠れの神話は、日本は女神が治める国だと示唆している。

天照大御神は、自分に代わって地上界を治める子孫、天皇は男性であるべきことも示した。須佐之男命と神生み比べの誓約《うけい》を行った際、自分の勾玉をかみ砕いて須佐之男命が生んだ五柱の男神を「自分の子だ」として最初に取った。五柱の長子、天忍穂《あめのおしほ》耳命《みみのみこと》の四代後が初代神武天皇である。天皇は男子、少なくとも男系でなければならないという考え方は、この神話を一つの根拠にしているが、その大元を決めたのは女神の天照大御神なのである。

この経緯ゆえか、古事記・日本書紀には神や王を支える女神・女性が数多く登場する。そうした存在を「ヒメ」としてとらえ、神話や古代史を読み、全国各地の伝承を検証しようとしたのがこの本である。

◇須佐之男命、大国主命を支えたヒメたち

たとえば、天石屋隠れで地上界に追放された須佐之男命は、櫛名田比売《くしなだひめ》への愛で本物の神へと成長する。八俣大蛇《やまたのおろち》からヒメを救おうと決意した際のヒメの父親との会話を、古事記はこう記す。

「是の汝が女《むすめ》は、吾に奉《たてまつ》らむや」

「恐《かしこ》し。また御名を覚《さと》らず」

「吾は天照大御神のいろせぞ。故、今天より降り坐《ま》しぬ」

「然坐《しかいま》さば怖し。立奉《たてまつ》らむ」

須佐之男命が言った「いろせ」とは、母親を同じくする弟という意味である。高天原で散々苦労をかけた姉を、自らの名乗りに使うことですでに、須佐之男命は姉を尊敬する神へと成長している。大蛇を退治した後は、大蛇の体内から出てきた大刀を尊いものと直感して天照大御神に献上した。草那芸之大刀《くさなぎのたち》の由緒からは、須佐之男命を改心させた姉の力が読み取れるのだ。

須佐之男命は、ヒメとの新宮を営み、その両親を宮の統率者に任命する。ヒメを両親ごと引き取ったことを古事記は紹介する。

〈八雲立つ　出雲八重垣　妻籠みに　八重垣作る　その八重垣を〉

古事記が、日本最初の歌として載せている須佐之男命の歌には、日本初の愛妻家に変身・成長した神の心情が余すことなく込められている。

須佐之男命は、娘の須勢理毗売《すせりびめ》が大国主命と恋仲になった際には、花嫁の父らしく婿への嫉妬で燃え、大国主命に様々な試練を課す。それを乗り越えられ、さらには娘の決心が変わらないことを知ると、娘を正妻にする条件をつけながらも、大国主命に国造りを命じる。悪童から好青年へ、さらには娘夫婦を支える慈父へと須佐之男命を成長させたのは間違いなく、周囲にいたヒメたちなのだ。

◇山の神と海の神の娘との結婚、その意味するものは

最初の国造りをする大国主命も、運を開いてくれたのは八上比売《やかみひめ》というヒメだった。その経緯は、因幡の白兎（古事記では「兎とワニ」として収録）神話では次のようなものだ。

ヒメへの求婚の旅に出ていた大国主命は、皮を剥がれて苦しむ兎に出会う。理由を聞けば、ワニを騙して海を渡ったところ、嘘がばれてワニに皮を剥がれた。苦しんでいたところに大国主命の兄たち、八十神《やそがみ》が来て、海水で体を洗えと言われたので、その通りにしたところ、苦痛が耐えがたいものになったという。大国主命は、八十神の嘘を正して、真水で体を洗って蒲《かま》の花粉の上に寝転がれば、体は元に戻ると伝える。兎はたちまち、元の体に戻って兎神になった、と古事記は書く。

「此の八十神は、かならず八上比売を得じ。袋を負ひたまへども、汝命《いましみこと》獲たまはむ」

兎神の予言通り、ヒメは大国主命を婿に選ぶ。大国主命と八十神との対決の始まりだが、二度も命を落としかけた大国主命は結局、須佐之男命の婿にもなることで八十神を退けて最初の国造りの神となる。大国主命の偉業は、八上比売と須勢理毗売がい

て初めて達成できたものであることを、古事記は詳細に伝えている。

大国主命から国譲りされた天照大御神の孫、つまりは天孫として地上界に降臨した迩々芸命《ににぎのみこと》からの三代の神（日向三代）の妻や母たちも、実に個性的に男神と関わり、成長の物語を紡ぐ。

迩々芸命の妻となった木花之佐久夜毗売《このはなのさくやびめ》は山の神、大山津見神の娘。夫婦の間に生まれた火遠理命《ほをりのみこと》＝ヤマサチビコが娶った妻、豊玉毗売《とよたまびめ》は海の神、綿津見神の娘である。この夫婦の孫、神倭伊波礼毗古命《かむやまといはれびこのみこと》が日向から東征し、大和で初代神武天皇になるのだが、山の神と海の神の娘との結婚譚は、初代天皇が日本列島の海から山に至るまで、すべてを治める資格を持っていることを示唆している。

◇献身の見本のように伝えられるヒメの姿

天皇の御世になっても、ヒメたちの存在感、活躍は神話の時代と変わりなく続く。その代表例として、倭建命（十二代景行天皇の御子）の妃、弟橘比売命《おとたちばなひめのみこと》と十四代仲《ちゅう》哀《あい》天皇の妻、神功《じんぐう》皇后を挙げたい。オトタチバナは、東征に向かい倭建命が走り水の海（現在の浦賀水道）で暴風雨に苦しんだ際、荒海に身を投じて海を鎮め、東征を成功に導いた。

「妾《やっこ》、御子に易《か》はりて海の中に入らむ。御子は遣はさえし政《まつりごと》遂げ、覆奏《かへりごとまを》すべし」

父の天皇から命じられた使命を果たし、無事に報告なさいませ、と言い残して荒海に消えたヒメの姿は、献身の見本のように今に伝えられる。

倭建命の活躍を支えたヒメとしてもう一人、叔母の倭比売命《やまとひめのみこと》も忘れるわけにはいかない。十一代垂仁天皇の皇女で、父の命で天照大御神の分身である鏡を伊勢に祭ったことで知られるこのヒメは、倭建命の母親代わりのように甥を応援した。

「天皇既に吾の死ぬことを思ほす所以《ゆゑ》か。何ぞ」

熊襲退治の西征から帰って息つく暇もなく、東征を命じられた倭建命は、伊勢の叔母を訪ねて、父への不満を爆発させる。ヒメは静かに、倭建命に草那芸之大刀と袋を渡し、窮地になれば、袋の口を解くように伝える。その意味が明らかになるのは、倭建命が相武（相模）国の国造に欺かれて火攻めにあった時だ。袋の中には火打石が入っていて、倭建命は大刀で草を薙いで安全地帯をつくったうえで、迎え火を付けて窮地を脱する。

ヒメは、こうした装備を与える一方で、父への不信感から闘志の鈍りがちな倭建命を再生させる役割を果たしているのである、

◇日本の安定と繁栄の基礎もヒメたちが

神功皇后の功績は、夫の仲哀天皇に代わって新羅遠征を成功させ、息子の応神天皇、孫の仁徳天皇につながる古代皇室の絶頂期を造り出したことである。その経緯はこうだ。

仲哀天皇の筑紫遠征中に、皇后が神懸かりして、西の方にある国を従えるように託宣した。天皇は、西には海があるだけだと反論し、偽りを言う神は神ではないと断言した。その夜、天皇が弾く琴の根が途絶えたので、臣下が様子を見に行くと、天皇はこと切れていた。皇后は、天皇に代わって身重の身ながらも、新羅遠征を成功させ、無事に十五代応神天皇になる御子も産んだ。

応神天皇は、渡来人を重用して多数の灌漑池をつくったほか、先進文化を花開かせたと伝えられる。仁徳天皇は、炊煙の煙で知られる仁政を敷いて「聖帝の御代」と言われる時代を築いた。

この時代が古代皇室の絶頂期だったことは、世界遺産認定をめざす百舌鳥・古市古墳群（二〇一九年七月、世界文化遺産に登録決定）の中心を、この二代の天皇の古墳が成していることでも明らかだ。最初の日本の安定と繁栄の基礎を築いたのはやはり「ヒメ」だったのである。

古事記や日本書紀は、周囲の女性たちの支援や献身、励ましがなければ、神話や古代の英雄たちの活躍はなかったことを描いている。「女ならでは」の視点で、神話や古代史を読めば、日本の底力のようなものが理解できる気がする。

安本寿久（産経新聞特別記者編集委員）

神話のなかのヒメたち——目次

第一章　須佐之男命

第二章　大国主命

第三章　日向三代の妻と母

第四章　初代神武天皇

第五章 十一代垂仁天皇

第六章 倭建命

第七章 十四代仲哀天皇

第八章 十六代仁徳天皇

第九章 十九代允恭天皇

第十章 二十一代雄略天皇

第十一章 伊耶那美命

第十二章 天照大御神

神話のなかのヒメたち

——イザナミノミコト、天照大御神から飯豊王まで

第一章

須佐之男命

黄泉《よみ》の国から帰った伊耶那岐命《いざなきのみこと》が行った禊《みそぎ》で生まれた三貴《さんき》子《し》の一柱。イザナキの鼻から生まれたとされ、左目から生まれた天照大御神《あまてらすおほみかみ》と右目から生まれた月読命《つくよみのみこと》は姉と兄。姉が治める高天原で乱暴狼藉を繰り返した末に地上界に追放され、八俣の大蛇を退治する。大国主命《おほくにぬしのみこと》の岳父となり、大国主命の国造りを支援したことを、古事記は示唆している。

1

偉大な姉 天照大御神《あまてらすおほみかみ》の愛

〈命《よ》させる国を治《し》らさずて、八拳鬚《やつかひげ》心前《こころさき》に至るまで、啼《な》きいさちき〉

神話の英雄、須佐之男命《すさのをのみこと》の登場を、古事記はそう記す。父のイザナキノミコトから命じられた海原を治めず、あごひげがみぞおちに垂れ下がるまで泣きわめいた、というのである。号泣の理由は亡くなった母イザナミノミコトに会いたいということ。父は怒り、息子を追放した。

「須佐之男命は直接、亡き母の国に向かわず、姉が治める高天原《たかまがはら》に行きます。母恋しがゆえの追放ですから、須佐之男命の心情としては天上界にいる姉に優しく包んでもらいたかったのでしょう」

大阪市立大の毛利正守名誉教授はそう話す。イザナキ、イザナミの国生み、神生みで始まる日本神話は、黄泉《よみ》の国から帰ったイザナキが禊《みそぎ》で三貴子《さんきし》を成した後、天照大《あまてらすおほ》

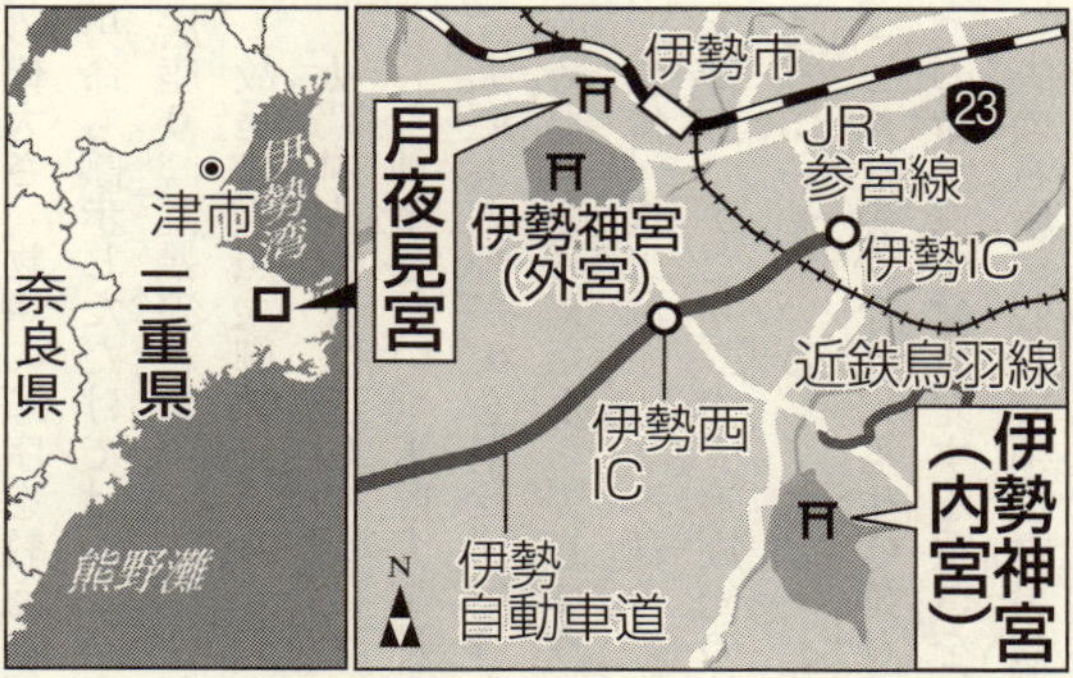

御神《みかみ》と須佐之男命という姉弟の確執の物語になっていく。

〈「汝が心の清く明《あ》かきはいかにして知らむ」〉

高天原に上ってきた弟の国盗りを疑った天照大御神は、そう問いかけたと古事記は書く。それぞれの持ち物から子を生んで、どちらが正しいかを占う誓約《うけひ》を行うことを主張した須佐之男命は、姉の勾玉《まがたま》を噛《か》み砕き、五柱の男神を出現させた。弟の剣を噛み砕いた天照大御神は、三柱の女神を生んだ。

〈「五柱の男子は、物実《ものざね》我が物に因り成れり。故自《おの》づから吾が子なり」〉

天照大御神はそう宣言し、三柱の女神を弟の子と詔《の》り別《わ》けた（区別を決めておっしゃった）。

「姉が先に男神を取り、弟は譲った。天照大御神の偉大さ、物事の順序を教える記述になっている」と毛利氏は言う。しかし、須佐之男命も譲歩しただけではなかった。心が清いから女神を成し得たと主張し、高天原に居座り、乱暴狼藉《ろうぜき》の限りを尽くし、ついには姉が召し使う服織女を死に至らせる。

〈故是《ここ》に天照大御神見畏《みかしこ》み、天の石屋の戸を開きて刺しこもり坐《いま》す〉

太陽神が消えて万物のわざわいが一斉に起こった。困った八百万の神は、知恵を凝らした神事を行い、天照大御神を取り戻し、高天原から須佐之男命を追放した。

「天照大御神が弟を罰せず、身を隠したのは、自分で過ちに気づかないと悔いない、改めないと考えたからでしょう」

女優・浅野温子のよみ語りの脚本家、阿村礼子氏はそう話す。阿村氏は脚本『天照大神ものがたり』で、追放先の地上界でヤマタノオロチ退治を決意する須佐之男命にこう語らせている。

「こんな愚かな私にも生き延びる機会を残してくださった。そのおかげで私は今、一つの命が他の命を愛する重さを知った」

天の石屋戸隠れで須佐之男命が生まれ変わったことは毛利氏も指摘する。

「助けようとするクシナダヒメに須佐之男命は『天照大御神のいろせ（同母弟）』と名乗ります。姉の偉大さを受け入れる善人に生まれ変わったということでしょう」

日本の神話の特徴は、英雄視される神や天皇が女神や女性に守られ、支えられて成長していくことだ。彼女らの目に彼らはどう映っていたか。ヒメたちの視点で記紀の物語を読み返していく。

三貴子

　黄泉の国でイザナミノミコトに別れを告げたイザナキノミコトは、穢《けが》れを祓《はら》う禊で多くの神を成した後、左目から天照大御神、右目から月読命《つくよみのみこと》、鼻から須佐之男命を出現させる。神生みの最後に貴い子を得たと喜び、天照大御神に高天原を、月読命に夜の世界を、須佐之男命に海原を治めるよう命じる。

　地上界に最初の国造りをする大国主命《おほくにぬしのみこと》は、須佐之男命の子孫で、かつ娘婿。天照大御神は大国主命に国譲りさせ、初代神武天皇につながる孫ニニギノミコトを降臨させる。天照大御神と月読命は現在、伊勢に祭られている。

2

芽吹く命 豊穣を分け与え

高天原を追放された須佐之男命は、地上界に向かう途中で大気都比売神《おほけつひめのかみ》に出会う。この女神は独特の方法でもてなした。古事記はこう書く。

〈鼻・口と尻より、種々《くさぐさ》の味物《ためつもの》を取り出して、種々作り具《そな》へて進《たてまつ》る〉

ヒメが汚物のように体内から美味なものを出し、調理して盛りつけたというのだ。その様子を見た須佐之男命は、穢汚《けが》した食べ物を進上すると思って怒り、ヒメを殺した。すると、不思議なことが起きた、と古事記は記す。

〈頭《かしら》に蚕《こ》生《な》り、二つの目に稲種《いなだね》生り、二つの耳に粟《あは》生り、鼻に小豆生り、陰《ほと》に麦生り、尻に大豆生る〉

遺体の各部から作物が生えてきたのである。高天原にいる神産巣日御祖命《かむむすひのみおやのみこと》は、これらを持ってこさせ、種を取ったという。

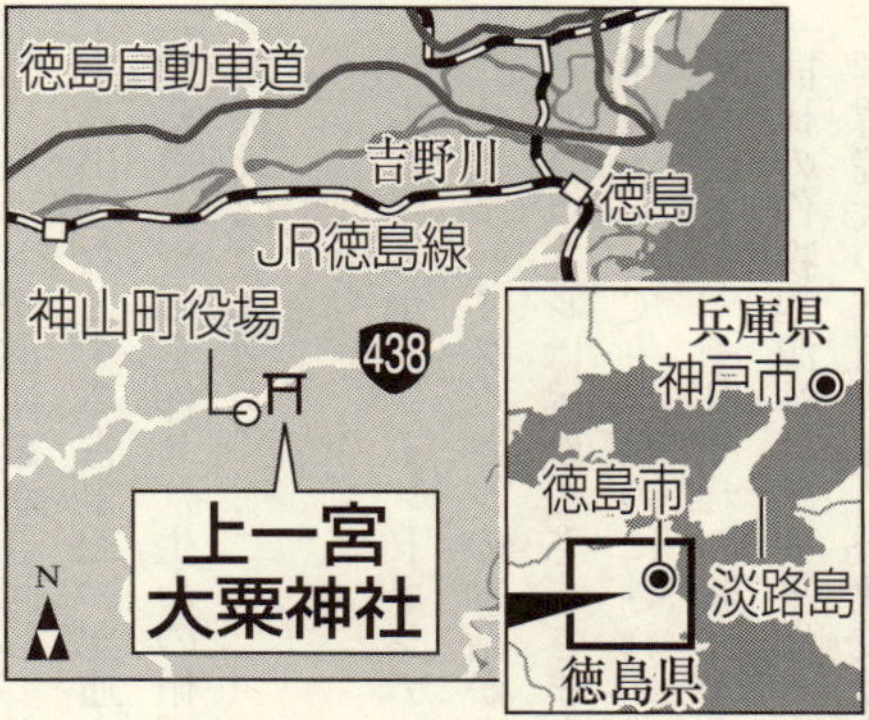

「自然なくして植物が育たないように、荒ぶる自然そのものといえる須佐之男命はヒメとお二人で、新しい生命を生む働きをされたのだと思います」

古事記が描く穀物の起源を、徳島県神山《かみやま》町の上一宮大粟《かみいちのみやおおあわ》神社の神職で中学教諭の阿部靖氏は、そう読み解く。同神社は、オオケツヒメを祭る。

阿部氏によると、オオケツヒメの「ケ」は食物の意で、オオケツヒメとは「大いなる食物の神」という意味だという。ヒメが体内に抱え持っていた豊穣《ほうじょう》は、須佐之男命の力を得て初めて、人々に分け与えられる形になったことを古事記は示唆している。須佐之男命は、地上界でクシナダヒメを救う前に、生産的な仕事で高天原に貢献する姿を描かれているのである。

同神社の初宮参りでは、赤ちゃんは境内を三度回る。この神事は、イザナキノミコトとイザナミノミコトが混沌《こんとん》をかき回し、さらに天の御柱の周りを回って、日本の島々や神々を生み出したとする古事記の記述を連想させる。

「回ることで渦を作り、生命の循環や生まれ変わりを表現しているのです」

阿部氏はそう話す。

日本のはるか南、インドネシア・セラム島にも、オオケツヒメとそっくりな役割を果たす乙女ハイヌヴェレの神話がある。

〈ハイヌヴェレは尻からさまざまな宝物を出して人々に分け与えていたが、最後には気味悪がられて生き埋めにされ、殺された。父親が娘の遺体を掘り出し、切り刻んで埋めたところ、それぞれの断片から種類の違う芋が生えてきた〉

「同様の作物起源神話は太平洋の島々やアメリカ大陸などに多くあります」

学習院大の吉田敦彦名誉教授はそう話す。民族学では、ハイヌヴェレ型の神話と分類されているという。

「原型的な話が縄文時代の日本に伝わり、その後、農業の変化を反映して、稲などの起源を語る話として古事記に取り込まれたのでしょう」

遺体から新しい命が芽吹く場面は、死と生を繰り返す自然の営みの表現だ。その契機を担わせている筋書きもまた、須佐之男命の成長を印象づけている。

日本書紀の作物起源

オオケツヒメの話は古事記が書いているが、日本書紀は、月夜見尊《つくよみのみこと》（月読命）が保食神《うけもちのかみ》を殺して作物などを出現させたと記す。

保食神は口から陸に向かって飯を、海に向かって魚を、山に向かって獣や鳥を吐き出して調理し、月夜見尊を供応した。月夜見尊が怒って保食神を殺害したところ、遺体の頭に牛馬が生じ、額には粟が、眉には繭が、目の中に稗《ひえ》が、腹に稲が、陰部には麦と大豆と小豆ができた。月夜見尊の姉、天照大神（天照大御神）は弟に激怒して「顔も見たくない」と言い、昼夜分離の起源になったとされる。

3

オロチから命救われ妻に

〈老夫《おきな》と老女《おみな》と二人在りて、童女《をとめ》を中に置きて泣く〉

出雲国の肥河《ひのかわ》（現在の島根県斐伊川）上流の鳥髪《とりかみ》に降り立った須佐之男命が、泣き悲しむ老夫婦と娘に出会う場面を、古事記はそう書く。童女は後に須佐之男命の妻になる櫛名田比売《くしなだひめ》だ。

老夫婦には娘が八人いたが、次々と八俣大蛇《やまたのおろち》に食われ、ここにいるヒメが最後の生け贄《にえ》になる時期だと聞いた須佐之男命は、老夫婦に申し出た。

〈「是の汝《な》が女《むすめ》は、吾《あれ》に奉《たてまつ》らむや」〉

ヒメを妻にすることを条件に、オロチ退治を約束したのだ。

「命をかけても惜しくないくらい、ヒメが魅力的だったということでしょう。乱暴者の須佐之男命が、人のために活躍する英雄になる転換点にヒメとの出会いがありま

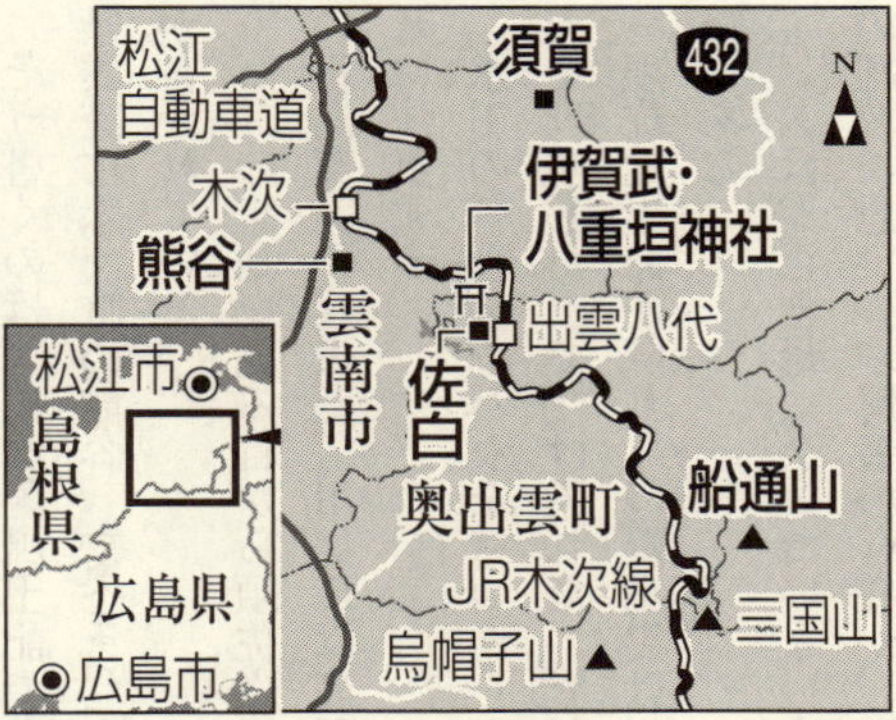

す」

島根県立大短大部の藤岡大拙名誉教授はそう話す。天照大御神の弟と聞き、老夫婦は結婚を承諾した。須佐之男命は早々に、ヒメを守る行動を起こした。

〈湯津爪櫛《ゆつつまくし》に其の童女を取り成《な》して、御《み》みづらに刺さし〉

ヒメを櫛に変え、自分の髪に刺した。そして老夫婦に造らせた酒でオロチを泥酔させ、切り殺した。

「櫛は霊力の象徴。ヒメは守られるだけでなく、須佐之男命の力にもなった」

藤岡氏はそう語る。

〈久志伊奈大美等与麻奴良比売命《くしいなたみとよまぬらひめのみこと》、任身《はら》みて産《う》まむとする時に及《いた》り、生《う》む処《ところ》を求《もと》めき。尓《そ》の時、此処《ここ》に到来《きた》りて詔《の》りたまひしく、「甚《いた》く久々《くま》麻々志枳谷在《くましきたにな》り」。故《かれ》、熊谷《くまたに》と云《い》う〉

そう書くのは、出雲国風土記である。ヒメが出産場所に選んだ熊谷は、現在の島根県雲南市木次町の熊谷。「奥まって落ち着いた谷だから気に入った」と、ヒメの心情が書かれている。

ヒメの土地を見る目から須佐之男命への思いを推測するのは「風土記を訪ねる会」の川島芙美子代表だ。川島氏は高天原で田の畦《あぜ》を断ち、水路を埋めた須佐之男命の乱暴に注目する。

「水田の管理ノウハウを持つからできた行為で、ヒメは、須佐之男命の集落営農の能力を理解した上で受け入れたのでしょう」

須佐之男命が降り立った鳥髪は、母イザナミノミコトが葬られたとされる比婆《ひば》山連峰にある。

「ヒメは、亡き母に会いたいという須佐之男命の思いもわかっていたと思います。その純粋な思いの理解者の存在が、駄々っ子のように暴れた須佐之男命の心を鎮め、英雄にしたのです」

〈「我が御心すがすがし」〉

ヒメと新居を構える地を選んだ須佐之男命は、そう言い、さらに、愛妻歌を詠んだと古事記は記す。

〈八雲立つ　出雲八重垣　妻籠《ご》みに　八重垣作る　その八重垣を〉

夫婦の結婚の地とされる八重垣神社（島根県奥出雲町）の石原道夫宮司は、ヒメの気持ちを推測する。

「恐ろしいオロチから守ってくれ、須佐之男命の気持ちが素直にうれしかったのではないでしょうか」

奥出雲町佐白地区

　島根県内に八俣大蛇の伝承が集中する。クシナダヒメの両親の住居跡とされる長者屋敷跡や、ヒメが鏡に見立て髪をくしけずったといわれる鏡が池がある。この水でオロチに飲ませた酒を造り、池の水面にヒメの姿を映してオロチに飛びつかせたとも伝わる。

　退治後、須佐之男命とヒメが結ばれた地と伝わる八重垣神社跡もあり、「八重垣大神」の石碑が建つ。同神社は明治時代まで社殿があったが、現在は近くの伊賀《いが》武《たけ》神社の境内社になっている。縁結びの神社として有名な八重垣神社は松江市佐草町にある。

4 竜神を迎える巫女の顔

須佐之男命を祭り、全国に約二百八十社あるとされる氷川神社は、関東平野に集中する。総本社の大宮氷川神社（さいたま市大宮区）とともに、武蔵国一宮《いちのみや》に数えられる氷川女體《にょたい》神社（同市緑区）は、妻の奇稲田姫尊《くしいなだひめのみこと》（古事記では櫛名田比売）が祭神だ。両神社は約七キロ離れているが、いずれもかつて存在した「見沼」に面していた。

「江戸時代中期に干拓されるまで、見沼は竜神様が棲《す》む聖域でした。氷川女體神社には鎌倉幕府の執権、北条泰時が奉納した鎖太刀など多くの文化財が残っており、武蔵野の正倉院と称されています」

吉田律子宮司はそう話す。干拓以前は、祭神を乗せた御座船を沖にこぎ出し、沼の主である竜に神酒を供献する御船《みふね》祭が最も重要な神事だったという。

平成三年には、そうした祭祀跡と見られる、四方に竹を刺して神域をなした四本竹

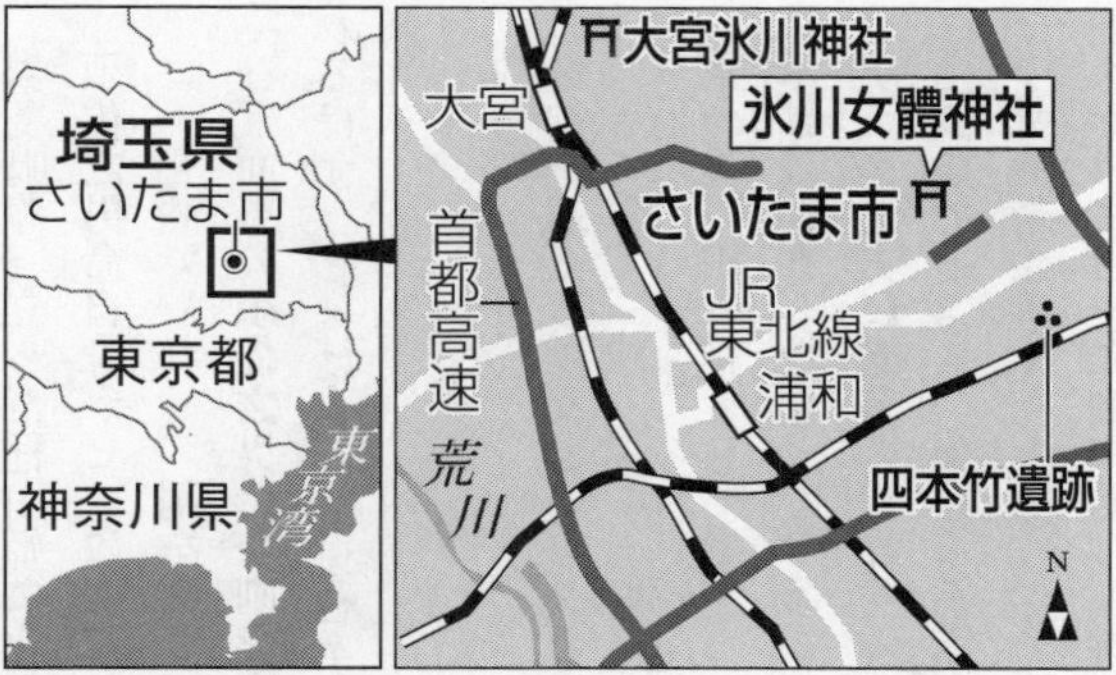

遺跡が見つかり、出土した竹は七百九十本を数えた。神社には、船用で担ぎ棒がない室町時代の「神輿《しんよ》」や、神酒を入れた南北朝時代の瓶子《へいし》も残る。竜神を迎える巫女《みこ》としてのヒメの姿が浮かび上がる。

〈素戔嗚尊《すさのをのみこと》、立《たちなが》ら奇稲田姫を化《とりな》して湯津爪櫛《ゆつつまくし》にし、御髻《みみづら》に挿したまふ〉

日本書紀は古事記と同様に、ヤマタノオロチ退治に臨む須佐之男命が、ヒメを櫛に変えて髪に刺したと書く。

「現在はこの訓《よ》み下しが一般的ですが、江戸時代の国学者や伊勢の神職らは別の訓み下しをしていました」

富山大の山口博名誉教授はそう話す。当時の訓み下しは次のようだという。

〈素戔嗚尊、立ら奇稲田姫に化して、湯津爪櫛を為《つく》りて、御髻に挿したまふ〉

須佐之男命自身がヒメに変身した、という別の解釈が成立するのである。その後、オロチを酒で酔わせ、剣を抜いて退治する筋書きは、日本書紀も古事記と変わらない。

「ひげ面男の須佐之男命が剣を帯びて立っていたら、オロチは怒り、酒も飲まずに暴れるはず。ヒメに化けてオロチを油断させ、酒を飲ませたと考える方が正解でしょう」


竜神を迎える巫女というクシナダヒメ像は、オロチに襲われる記紀の物語よりも日本に合っている——。山口氏はそうも指摘する。

「水の神、田の神として崇められる竜や蛇を退治するという発想は、農耕文化の古代日本には存在しなかった。多頭竜蛇退治の英雄神話は、ロシアやモンゴルなどユーラシア大陸北方に数多く分布するものです」

山口氏によると、竜蛇を退治すべき邪悪な存在とするのは、西アジアや砂漠・ステップ地帯の考えだという。オロチ退治神話は本来、騎馬遊牧民のもので、遙かな時間をかけて日本に到来し、竜神信仰に結合した、という見方だ。

「記紀の須佐之男命は、海の彼方《かなた》の英雄の仮面をかぶせられたものなのです」

氷川女體神社の祭事や遺跡は、ヒメのもう一つの姿を連想させる。

世界の竜蛇退治神話

ギリシャ神話最大の英雄ヘラクレスは、九つの頭を持つ沼の怪物ヒュドラの首を鉄の鎌で切って退治する。ペルシャのゾロアスター教の経典アベスターでは、三つの頭と翼を持つ邪悪な竜ダハーカが英雄に討伐される。

山口氏によると、紀元前一七～一三世紀に繁栄したヒッタイト帝国の都、ハットゥシャ遺跡（トルコ）の粘土板には、女装の英雄が酒に酔った竜神を退治する神話が描かれている。竜蛇退治神話は、四千年以上前に古代メソポタミア地方で生まれて東西に広まり、記紀もその影響を受けている可能性があるという。

5

従順な娘唯一「后」の称号

古事記の神話は、須佐之男命とクシナダヒメの結婚の後、大国主命の物語に記述を移す。再び須佐之男命が登場するのは、兄たちに命を狙われた大国主命が根の堅州国《かたすくに》に逃げ込んだ際である。

〈其の女《むすめ》須勢理毗売《すせりびめ》出で見、目合為《めあはせし》て、相《あ》婚はむと還り入り、其の父に白《まを》して言《まを》さく〉

スセリビメは、大国主命と目を合わせただけで結婚を約し、父に報告しようとした。その父が須佐之男命だった。父は気に入らず、蛇の室に寝かせ、ムカデと蜂の室に入れ、揚げ句は野に入らせて火をかけ、焼き殺そうとした。それを懸命に救うヒメの姿が、古事記には書かれている。

〈其の大神の生大刀《いくたち》と生弓矢《いくゆみや》と其の天《あめ》の沼琴《ぬごと》を取り持ちて、逃げ出でます〉

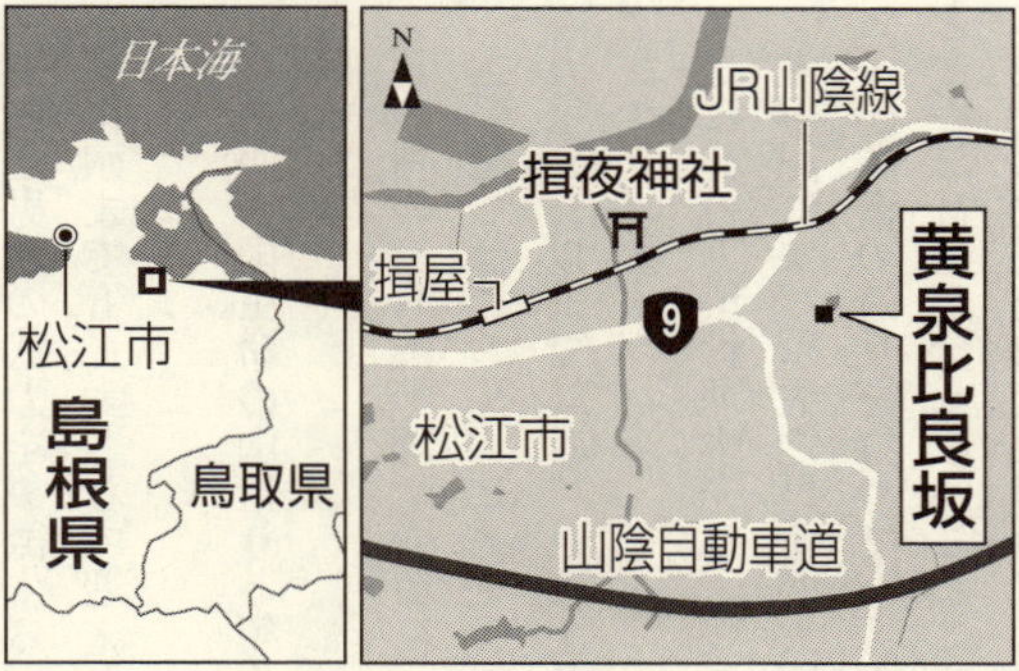

幾多の試練を乗り越えた大国主命は、須佐之男命が居眠ったすきに神宝を持ち出し、ヒメと逃げた。須佐之男命は追ったが、黄泉比良坂《よもつひらさか》で諦め、呼びかける。神宝で兄たちを討つこと、大国主神となること、ヒメを正妻として立派な宮殿に住むこと――。そうしたことを要求し、吐き捨てる。

〈「是《こ》の奴（こいつめ）」〉

「是の奴……。強い口調です。娘を譲り、国造りを指示しながらも、娘への深い情愛から出てしまった言葉でしょう」

　島根県立大短大部の藤岡大拙名誉教授はそう話す。根の堅州国での記述は、大国主命が地上界を治める力を得るための通過儀礼、難題婿譚《なんだいむこたん》だと言う島根県古代文化センターの佐藤雄一研究員はこう話す。

「須佐之男命の武力を象徴する大刀、弓矢と、呪力を象徴する琴を授かるだけでなく、さらに娘までも正妻として迎えた。このことが、大国主命が国造りを行う前提となっている」

ヒメが大国主命の国造りと須佐之男命との間をとりもつ重要な役割を担ったという指摘である。

〈其の神の適后《おほきさき》須勢理毗売命《みこと》〉

古事記ではこの後、ヒメを后の称号で記す。佐藤氏は言う。

「天皇の妻以外で『后』と表記される唯一の例。ヒメとそれ以外の妻との違いが明確化されています」

〈是に其の妻須世理毗売は、喪の具を持ちて哭き来〉

古事記には、須佐之男命が大国主命の入った野に火を放った際、こんな記述がある。ヒメが葬儀の道具を持って、大声で泣きながら野に来たというのである。この時、父を責める言動が全くないことに藤岡氏は注目する。

「最愛の夫が死んだと思っても、ヒメは父と同じ方向を向いていた。親に対する従順も描かれていると思います」

父娘が別れた黄泉比良坂は古事記に〈今、出雲国の伊賦夜坂《いふやさか》と謂《い》ふ〉と書かれている。松江市東出雲町の揖夜《いや》神社は「出雲国風土記」に「伊布夜社」と記された古社とされ、近くには黄泉比良坂伊賦夜坂伝説地を示す石碑が立っている。

黄泉比良坂

黄泉の国とこの世の境界とされる坂。イザナキノミコトがイザナミノミコトと別れた場所で、イザナキはここで黄泉軍を桃の実で迎え撃ち、境目を千人力でなければ引けないほどの大岩で塞ぎ、イザナミの追撃から逃れた。大岩は「道反之大神《ちかへしのおおかみ》」と呼ばれた。この時から、生者と死者はともに暮らすことができなくなったとされる。

島根県松江市東出雲町には昭和十五年、皇紀二六〇〇年記念事業として地元の有力者が顕彰碑を建てた伝説地がある。道反之大神をほうふつさせる大岩も置かれている。

クシナダヒメが出産場所にしたといわれる「熊谷」。産湯の水を取ったとされる井戸跡「熊谷さん」もある（島根県雲南市）
本文 31 ページ

クシナダヒメを祭る氷川女體神社」。ヒメの別の一面を今に伝える（埼玉県さいたま市緑区）
本文 34 ページ

第二章

大国主命

因幡の白兎で初めて神話に登場する神。須佐之男命《すさのをのみこと》の娘、須勢理毘売《すせりびめ》を妻にし、須佐之男命からもらった大刀と弓矢で敵対する兄たちを討って国造りを行った。天照大御神《あまてらすおほみかみ》が派遣してくる使者たちと緊迫の交渉を続けた末に、国譲りして出雲に退隠した。高天原からやって来た神々を天つ神、元々地上界にいた神々を国つ神と呼ぶが、大国主命は国つ神の盟主に当たり、旧暦十月には神々が旧主がいる出雲に集う。

1 因幡の姫 求めた医の知識

〈稲羽《いなば》の八上比売《やかみひめ》を婚《ま》かむと欲《おも》ふ心有り〉

「因幡の白兎」で知られる古事記の逸話は、出雲の神々が求婚に向かう旅の途上で起きる。「八十《やそ》」と総称される兄神たちの荷を背負い、一人遅れて従うのが大穴牟遅神《おほあなむぢのかみ》、後の大国主命《おほくにぬしのみこと》だ。大国主命はサメに毛皮を剥がれたウサギに真水で傷を洗うように言い、さらにこうアドバイスする。

〈「蒲《かま》の黄《はな》を取り、敷き散らして、其の上に輾《こ》い転《まろ》ばば、汝が身本《もと》の膚の如く、かならず差《い》えむ」〉

言われた通りすると、見事に傷は治った。感謝したウサギは予言する。

〈「八十神は、かならず八上比売を得じ。帒《ふくろ》を負ひたまへども、汝命《いましみこと》獲たまはむ」〉

ヤカミヒメは、塩水で洗うなどと、でたらめな対処を教えた兄神ではなく、身なり

は貧相でも正しい医療を授けた大国主命を選ぶというのだ。大国主命が兄神たちを出し抜いて、因幡を手に入れた瞬間である。

「蒲は古くから止血剤として用いられ、そのためここは医療行為の発祥の地とも言われています」

逸話の地、鳥取市にある白兎《はくと》神社の河上博一宮司はそう説明する。植物名を示して「黄」すなわち花粉を体に満遍なくつけよとの助言は、医療行為だとの指摘である。

鳥取県医薬品配置協会会長で郷土史家の新誠氏は、日本最古の医薬書とされる『大同類聚《だいどうるいじゅ》方《ほう》』（八〇八年）に火傷《やけど》や寄生虫病に効く「八上薬」の記載があると指摘した上でこう言う。

「大国主命がもたらした医療の知識がヤカミヒメを通し、因幡に根付いたともいえるでしょう」

出雲国風土記が多くの植物を記しているよう

に、古代出雲には先進的な薬草の知識があった。その知識を得るために最適の夫として、ヤカミヒメは大国主命を選んだのだ。

「目立たない存在だった大国主命の英雄譚《たん》がここから始まる。ヤカミヒメは的確に、大国主命の魅力を見つけることができたということでしょう」

鳥取大の門田眞知子名誉教授はそう話し、出雲の神々が因幡を欲した理由として、勾玉《まがたま》の材料として貴重なヒスイを求めた可能性もあると推測する。鳥取市の青谷上寺《あおやかみじ》地《ち》遺跡からは北陸産のヒスイや殺傷痕のある多くの人骨が見つかり、激しい戦いがあったことも判明している。

「ヤカミヒメは因幡で最も力を持つ豪族の長で、大国主命との婚姻で出雲勢力と強い関係が築かれたと解釈できる」

鳥取県埋蔵文化財センターの中原斉所長はそう推測する。しかし、ヤカミヒメの立場は、大国主命が須佐之男命《すさのをのみこと》の娘を正妻として迎えたことで暗転する。

〈湏世理毗売《すせりびめ》を畏《かしこ》みて、其の生める子は木の俣《また》に刺し挟《はさ》みて返りぬ〉

スセリビメの強い嫉妬に耐えかね、子供を置いて因幡に帰ったのだ。門田氏はこう話す。

「完璧主義者で気位の高い女性と受け取ることができるかもしれません」

木の俣《また》

古事記は「木の俣」に特別な意味を付与している。ヤカミヒメは、大国主命との間に生まれた子を木の俣に刺し挟み、そのために子の名前は「木俣神《きまたのかみ》、またの名は御井《みゐの》神《かみ》」と古事記は書く。樹木の枝間も井も神聖な場所とされるが、ヤカミヒメの行為については「木の俣は生命の源で、子の成長を願った」「厳かに死の国に向かってほしいと願った」など解釈が分かれる。

八十神に命を狙われた大国主命が、木の俣をくぐり抜けて逃がしてもらったという記述もある。ここでは須佐之男命が住む根の堅州国《かたすくに》への通路との位置づけだ。

2 再生女神の「生の霊力」

故尓《かれしか》して八十《やそ》神忿《いか》り、大穴牟遅神を殺さむと欲《おも》ひ共に議《はか》りて〉「因幡の白兎」の助力でヤカミヒメを得た大国主命は、兄神たちの嫉妬を買って命を狙われた、と古事記は記す。兄神たちは謀略を用いた。大国主命を狩りに連れ出し、「赤い猪を落とす」と嘘をついて燃える大岩を落とし、大国主命を焼き殺したのである。

〈其の御祖《みおや》の命《みこと》哭き患《うれ》へて、天に参上《まゐのぼ》り、神産巣日之命《かむむすひのみこと》に請《まを》す時に、𧏛貝比売《きさかひひめ》と蛤貝《うむかひ》比売とを遣《つか》はし、作り活《い》けしめたまふ〉

嘆き悲しむ大国主命の母神の懇願を受けた高天原《たかまがはら》のカムムスヒが、赤貝を意味するキサカヒヒメと、蛤《はまぐり》を意味するウムカヒヒメを派遣し、大国主命を蘇生させたと古事記は書く。

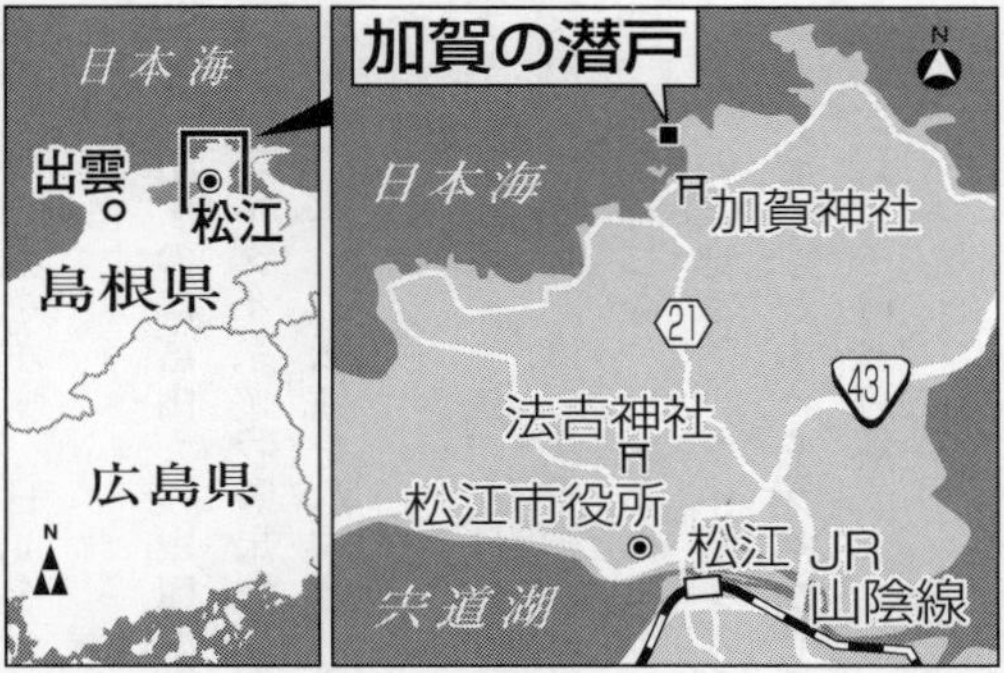

キサカヒメは、日本海に面した松江市島根町の加賀《かか》神社で祭られている。金津英隆宮司はこう話す。

「加賀神社の社名は明治時代まで潜戸《くけど》太神宮でした。ご祭神が加賀の潜戸におられるからです」

加賀の潜戸は、神社の集落からのびる岬の先端の海食洞窟である。

〈神魂命《かむむすびのみこと》の御子、支佐加比売命《きさかひめのみこと》、「闇《くら》き岩屋なるかも」と詔《の》りたまひて、金《こがね》の弓以《も》ちて射給ひし時に、光り加加明《かかや》けり〉

出雲国風土記にこんなキサカヒメの出産の記述がある。キサカヒメがカムムスヒの娘で、加賀の潜戸で佐太大神《さだのおほかみ》という島根半島で信仰された神を産んだことがわかる。

「暗い岩屋は母親の胎内、そこに射込まれた金の矢は太陽の光を示す。日光を受けて妊娠し、神の子を産む日光感精型神話の要素がそろっている」

そう話すのは富山大の山口博名誉教授である。日光感精型神話は、ユーラシア大陸北方のアルタイ系遊牧騎馬民族の建国始祖伝説に数多く見られ、風土記の記述はその伝説の日本への伝播《でんぱ》を示すという。ヒメは、海のかなたから渡来した太陽の女神だったという解釈だ。

〈宇武賀比売命《うむかひめのみこと》、法吉鳥《ほほきどり》に化《な》りて飛び度《わた》り、此処《ここ》に静まり坐《いま》しき〉

出雲国風土記は、法吉《ほっき》神社（松江市法吉町）が鎮座する法吉郷《ほほきのさと》の由来を述べるなかで、ご祭神になっているウムカヒヒメに触れる。

「鳥への変身はアルタイ系シャーマニズムの特徴で、法吉鳥は春告鳥《はるつげ》の異名を持つウグイスを指す。木々を芽吹かせる生の霊力を想起させます」

山口氏はそう読み解く。

古事記は、キサカヒヒメとウムカヒヒメが、身を削った貝殻の粉と貝汁を練り合わせ、〈母《おも》の乳汁《ちしる》〉として大国主命の体に塗ると蘇生し、〈麗しき壮夫《をとこ》〉になったと書く。

大国主命が須佐之男命の娘、須世理毗売《すせりびめ》に見初められ、正妻に迎えることができたのは、この再生があったからこそなのだ。山口氏は言う。
「大国主命は女の力によって国造りの大神となっていく。一夫多妻の論理、平安貴族の色好みのルーツもここにある」

ムスヒとムスビ

大国主命の元に二柱の女神を派遣した神産巣日之命は、出雲国風土記では神魂命と表記される。カムムスヒは古事記冒頭の天地創成の段にも登場し、「産巣日」の読みは、ムス（生成）＋ヒ（霊力）が由来とされる。一方、神魂命の「魂」の読みは、出雲国風土記の注釈本の多くがムスビで、ヒが濁る。

両神は同一とみなされるが、日本学術振興会の森陽香《ようこ》特別研究員は「神魂命の表記と読みには、魂を物体につなぎ留める『結び』（＝ムスビ）の霊能を観想する古代人の神意識が反映されている」と話す。

3 ヒスイの里 悲運の恋物語

〈遠々し高志《こし》の国に
賢し女をありと聞かして
麗《くは》し女をありと聞こして〉

岳父の須佐之男命に認められて国造りを始めた大国主命は、高志国の沼河比売《ぬなかはひめ》と結ばれようと考えた。ヒメの家に到って詠んだ求婚歌が冒頭のものだ。高志国とは北越、ヌナカハヒメとは現在の新潟県糸魚川市周辺を治めていたと伝承される首長である。

「北越は、ヒスイが取れた日本唯一の場所。糸魚川地方は縄文時代から、装身具や勾《まが》玉《たま》を作る技術を持った玉作りの里でしたから、大国主命はヒスイを目的に来たのでしょう」

長者ケ原考古館（糸魚川市）の木島勉学芸員はそう話す。ヒスイは古代から、日本

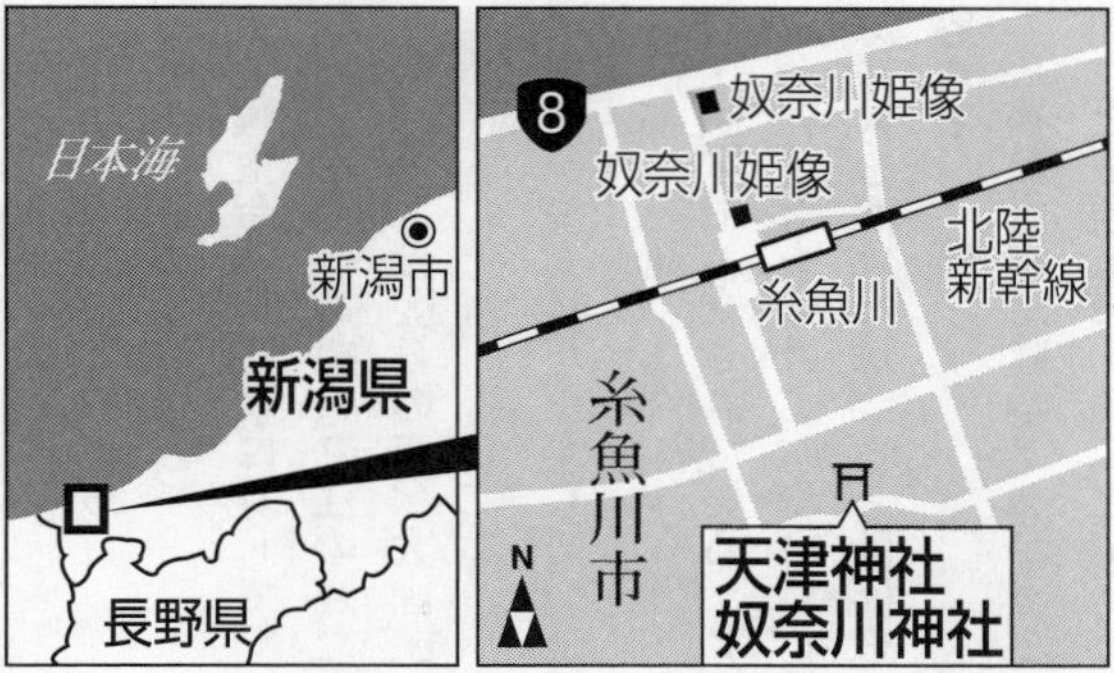

原産の宝石では最上位のものとされ、出雲の勾玉作りに盛んに使われたが、出雲はヒスイを産出しない。そのために大国主命が高志国を狙ったというのだ。

糸魚川市一の宮の天津《あまつ》神社・奴奈川神社。奴奈川神社本殿はヌナカハヒメ（奴奈川姫命）をご祭神にし、大国主命（八千矛命《やちほこのみこと》）も合祀している。

「ヌナカハヒメを祭る神社は新潟から富山、南信濃に至るまで広範囲にあります。ヒスイを処理する技術を持った集団が、それだけ広範囲で活動したのでしょうし、その集団の族長がヒメだったのでしょう」

吉倉正紀宮司はそう語る。神社へはヌナカハヒメの物語にロマンを感じた女性の参拝者が全国から少なくないという。

〈吾が心浦渚《うらす》の鳥ぞ
今こそは吾鳥《わどり》にあらめ
後は汝鳥《などり》にあらむを〉

大国主命の求婚歌に対して、ヌナカハヒメはそう返歌したと古事記は記す。今の自分は相手のいない入り江の鳥だが、やがてあなたに寄り添う鳥になりましょうという意だ。ヒメは翌日の夜、大国主命を受け入れたと古事記は書く。

〈御仲むつましからずしてつひに再び逃げかへらせたまひ〉

こんな文面で結婚後の二人の不仲を伝える伝承が、糸魚川市教委の冊子『奴奈川姫の伝説』で紹介されている。ヒメは、大国主命と能登国に渡ったが、逃げ出し、大国主命の使者を避けて、ついに信濃国まで逃げた。使者はヒメの居所を探ろうとして茅原に火をかけたが、ヒメは姿を現さず、使者は泣く泣くヒメの御霊を祭ったという内容だ。

「ヒメが望んだ結婚でなかったことは実は、古事記がこの恋物語を『八千矛神の歌物語』と表現していることでもうかがえます」

木島氏はそう話す。大国主命は古事記では四つの別名でも書かれているが、八千矛神が使われるのは武力を象徴する場面が多い。ヒメとの求婚も武力を背景にしたものだった可能性があるという指摘である。

「出雲で作られた勾玉は朝鮮半島でも多く見つかっています。半島から鉄や金属を手に入れる手段として高志のヒスイとヒメは活用されたのだと思います」

ヒメの恋物語のもう一つの側面である。

「麗し女」のヌナカハヒメ

大国主命が求婚歌で「麗し女」と詠むヒメについて『奴奈川姫の伝説』は〈御色黒くあまり美しき方にはおはさざりき〉と書く。奴奈川神社にある県指定文化財の木造奴奈川姫神像は、髪を両肩に垂らし、温和で端正な顔立ちに彫られている。

古事記の大国主命の別名は大穴牟遅神、葦原色許男神《あしはらしこをのかみ》、八千矛神、宇都志国玉神《うつしくにたまのかみ》で、それぞれ大地の主神、地上界の強者、武神、現世の国土の神霊を意味するとされる。多くの名が登場することから、大国主命の国造りは、各地の神の業績をまとめたとする説もある。

4

正妻の「嫉妬」出雲に鎮座

〈其の神の適后《おほきさき》須勢理毗売命、いたく嫉妬為《うはなりねたみし》たまふ〉

古事記は、大国主命と高志国の沼河比売の歌物語を書いた後、正妻であるスセリビメの嫉妬に筆を移す。そのすさまじさに気圧《けお》された大国主命は、出雲国から倭《やまと》（大和）国に逃れようとして馬に乗り、歌を贈る。

〈項傾《うなかぶ》し　汝が泣かさまく　朝雨の　霧に立たむぞ　若草の　妻の命〉

一時の別れを悲しんで、首うなだれて泣く妻を気遣う歌だが、スセリビメはそれほど弱い女神ではなかった。夫にささげる杯を持ちながら立ち続け、こう返歌した。

〈汝《な》こそは　男にいませば　うち廻る　嶋の埼々《さきざき》　かき廻る　磯の埼落ちず　若草の　妻持たせらめ〉

あなたは男だから、行く先々に妻を置いていることだろうと詠み、そしてこう継い

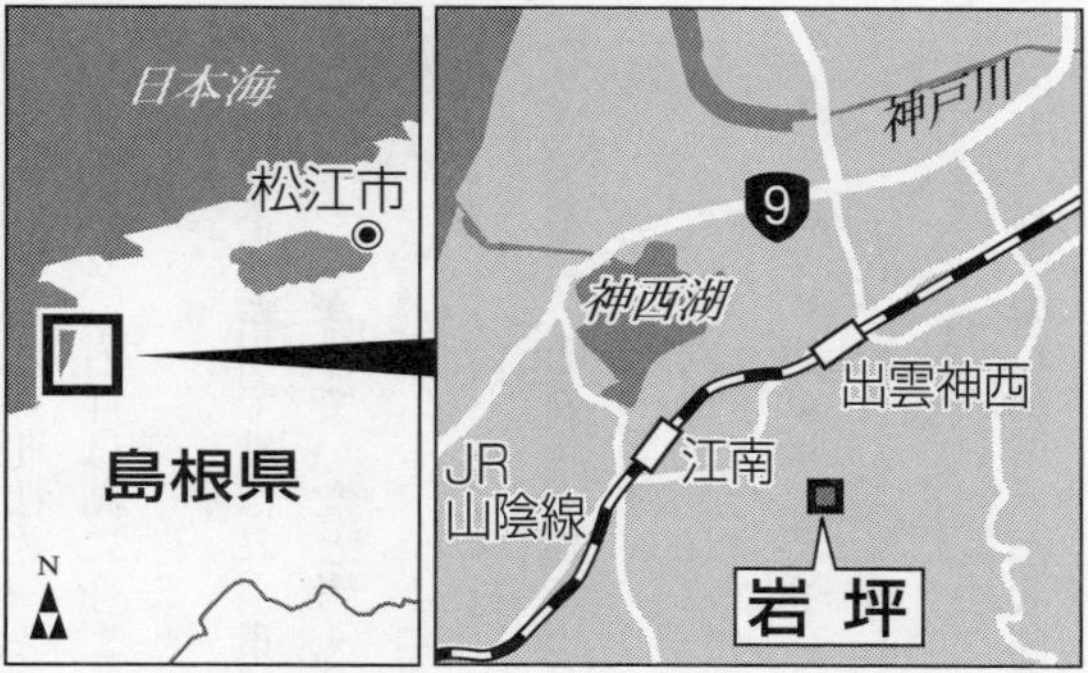

だ。
〈我はもよ　女にしあれば　汝を除《き》て　男は無し
汝を除て　夫は無し〉
私は女だから、あなたの他には男も夫もいない
と訴えたのである。

出雲国風土記は、スセリビメを和加須世理比売《わかすせりひめの》命《みこと》と表記し、現在の島根県出雲市にある「岩坪」はヒメの生誕地と伝わる。大国主命が妻問い（求婚）をした際、家の前にあった岩があまりに滑らかだったので「滑《なめ》し磐石《いわ》なるかも」と感嘆。その地は「滑狭郷《なめさ》」と名付けられたといい、現在は大国主命とヒメを祭る那賣佐《なめさ》神社がある。

「滑狭郷の北側は古代、湖の水域に接していたと考えられます」

出雲市文化財課学芸調整官の花谷浩氏はそう話

す。現在、岩坪から北西約一キロに位置する神西《じんざい》湖（周囲約五キロ）は古代、現代の五倍近くあり、岩坪は湖に今よりもずっと近く海に出やすい場所だったというのである。

「西は日本海と川で結ばれ、東は宍道《しんじ》湖、中海、さらには伯耆の港町である淀江町まで水路でつながっていたと考えられます。つまりここは、日本海の瀬戸内だったのです」

大国主命は、スセリビメを得ることで日本海の要衝を握り、勢力圏の拡大つまり国造りができた。その起点になった意味でも、スセリビメは正妻だったことを風土記は想像させる。

〈うきゆひ為《し》て、うながけりて、今に至るまで鎮まり坐《いま》す〉

スセリビメの返歌の結果を古事記はそう記す。酒杯を交わし、大和に行かないことを約束し、互いの首に腕を回し合って、今に至るまで二人で出雲に鎮座しているというのである。

「スセリビメの言葉、歌が大国主命を我に返し、本来とるべき行動を思い出させたのです」

出雲大社の千家和比古権宮司はそう話す。そして「嫉妬」という言葉こそがスセリビメの力だと説く。

「現代的に解釈するとマイナス価値に陥るが、古代では負の意味では使われていない。人を覚醒させる力、スセリビメが神格として所有していたエネルギーを示しているのだと思います」

出雲国風土記

古事記に遅れること二十一年の天平五（七三三）年に完成。出雲国を構成する各郡の郷里や寺院、神社のリスト、特産品などの情報を伝える。郷の地名の起源を表す「出雲神話」が数多く収められ、有名なところで「国引き神話」などがある。和加須世理比売命の生誕にまつわる神話は、神門郡滑狭郷の項で語られる。

風土記は奈良時代初期、各国で編纂《へんさん》されたが、写本が現存するのは五国しかない。出雲の他には播磨国、肥前国、常陸国、豊後国があるが、出雲国風土記が最も完本に近いとされる。

5 多妻の神 最愛の女性は

〈大国主神《おおくにぬしのかみ》、胷形《むなかた》の奥津宮《おきつみや》に坐す神、多紀理毗売命《たきりびめのみこと》に娶《あ》ひて生みませる子……〉

古事記は、出雲で国造りを進め、各地の女神と盛んに関係を結んだ大国主命の系譜の最初にタキリビメとの結婚を記す。天照大御神が須佐之男命と誓約《うけひ》を行った際、須佐之男命の十拳《とつか》の剣をかみ砕いて噴き出した時に生まれた宗像三女神《むなかたさんじょしん》の長女神である。

〈「三柱の女子は、物実《ものざね》汝が物に因り成れり。故汝が子なり」〉

天照大御神がこう告げたことで、三女神は、後に出雲に降りる須佐之男命の子となり、胸形《むなかた》神社（宗像《むなかた》大社、福岡県宗像市）に鎮座し、在地豪族の胷形君《むなかたのきみ》が祭っていると古事記は書く。一方で、大国主命は須佐之男命の六代後の神とも記していて、タキリビメとの結婚は須佐之男命の血族の再結集も意味している。

宗像大社（宗像三宮）

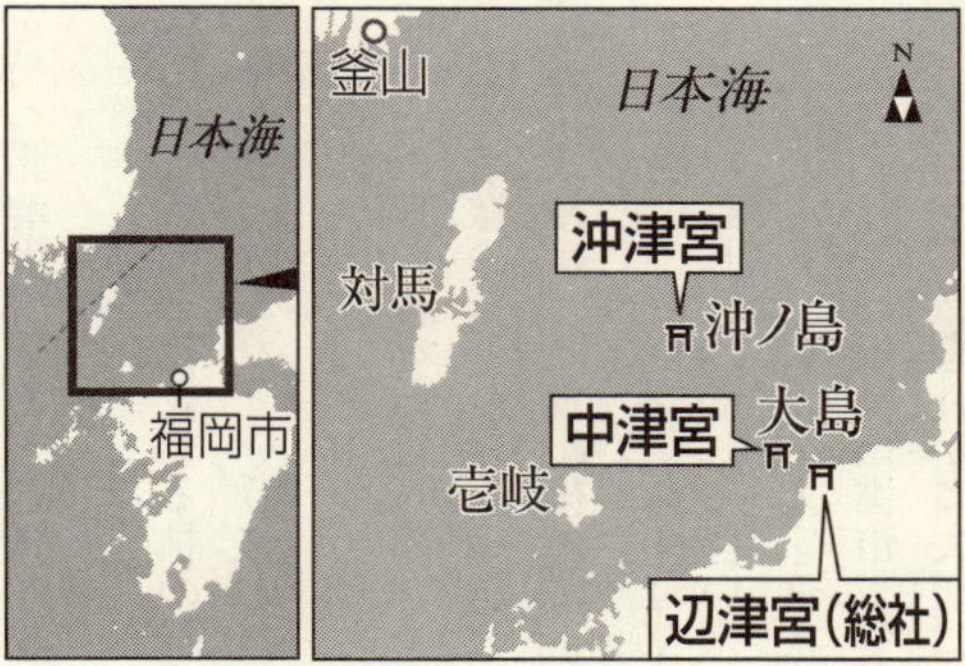

「出土品で宗像と出雲が縄文時代から交流していたことがわかっています」

宗像大社文化財管理局の福嶋真貴子主任学芸員は、こう説明する。

特に地域の交流をうかがわせるのが、弥生時代の農耕祭祀に使われたとされる土笛だ。宗像、出雲、丹後半島周辺などの限られた遺跡でしか出土していないからだ。福嶋氏は「ごく一部の管理者の元で使われた祭祀道具とする見方もあり、その見解に沿うと、出土地域の指導者の政治的な結びつきが見えてきます」と語る。

古代出雲文化圏とされる伯耆に宗形神社（鳥取県米子市）があるのも政治的な交流を示唆する。その社殿の近くからは六世紀ごろの古墳群が出土。その埋葬施設が宗像の古墳の特徴とされる竪穴系横口式石室だったことも、両地域に共通の埋葬様式を持つ指導者がいた可能性を物語っている。

「出雲、宗像を代表する神の結婚が古事記に記されているのは、両地域の関係を大和政権が受け入れたということでしょう」

福岡教育大の亀井輝一郎名誉教授はそう指摘する。大和政権は、全国平定の過程で服属した地の神を、自らの神の系譜に組み込んだので、神話の結婚譚は、大和政権が出雲と宗像の結びつきを承認していたという見方だ。

大和政権は、四世紀後半に百済《くだら》との通交を始めると、朝鮮半島につながる海のルート（玄界灘）を掌握していた海人《あま》集団の宗像氏を重視。宗像氏も水先案内や物資調達などで貢献した。それに伴い宗像氏の崇敬していた神は、国家神として祭られるようになったが、その一方で宗像氏は、伝統的な出雲との交流も続けたとみられる。

「出雲大社（島根県出雲市）で本殿の西隣にタキリビメを祭る筑紫社《つくしのやしろ》があるのを見ても、出雲が宗像をいかに大切に思っていたかが想像できます」

福嶋氏はそう話す。出雲大社によると、ご神体の大国主命が鎮まる神座は西を向く。多くの妻を持った大国主命だが、本当に必要としていたのはタキリビメだったのか。そんなことを想像するのも面白い。

宗像大社

高天原《たかまがはら》で須佐之男命が自らの潔白を証明するため、姉の天照大御神と生んだ神を比べる誓約を行い、その際に生まれた宗像三女神をご祭神とする。九州本土にある総社の辺津宮《へつみや》に市寸嶋比売命《いちきしまひめのみこと》、大島の中津宮に田寸津比売命《たきつひめのみこと》、沖ノ島の沖津宮に多紀理毘売命が祭られる。

沖ノ島では四~九世紀に海外との交流成就を祈る国家的祭祀が行われ、供えられた奉献品約八万点が出土している。二〇一七年夏、関連する古墳を含めて『神宿る島』宗像・沖ノ島と関連遺産群」として世界遺産に登録された。

境内の随所にウサギが飾られている白兎神社。大国主命の出世物語は、この地から始まる(鳥取県鳥取市)本文45ページ

第三章

日向三代の妻と母

国譲りが行われた後、高天原から降臨した天照大御神《あまてらすおほみかみ》の孫、迩々芸命《ににぎのみこと》とその子、火遠理命《ほをりのみこと》＝ヤマサチビコ、さらにその子の鵜葺草葺不合命《うかやふきあへずのみこと》のこと。ウカヤフキアエズの子が後の初代神武《じんむ》天皇で、三代の神は、神武が東征するまでの力を蓄えたとされる。ニニギは鹿児島・霧島神宮、ホヲリは宮崎・青島神社、ウカヤフキアエズは同・鵜戸神宮に祭られている。

1 天孫に織物を着せる母

迩々芸命(ににぎのみこと)の系譜

天照大御神《あまてらすおほみかみ》——天忍穂耳命《あめのおしほみみのみこと》
高御産巣日神《たかみむすひのかみ》(高木神《たかきのかみ》)—万幡豊秋津師比売命《よろづはたとよあきつしひめのみこと》(栲幡千々姫命《たくはたちぢひめのみこと》)
迩々芸命

〈「僕《あ》は、降らむ装束《よそひ》しつる間に、子生《あ》れ出でぬ。名は天迩岐志国迩岐志天津日高日子番能迩々芸命《あめにきしくににきしあまつひこひこほのににぎのみこと》、此《こ》の子を降《くだ》すべし」〉

古事記は、大国主命《おほくにぬしのみこと》に国譲りさせた天照大御神《あまてらすおほみかみ》に降臨を命じられた長子の正勝吾勝々速日天忍穂耳命《まさかつあかつかちはやひあめのおしほみみのみこと》が、そう答えたと記す。身支度している間に生まれた自分の子、天照大御神の孫に当たるニニギノミコトこそ、地上界を治めるにはふさわしいと進言したのだ。

神話はここから、天孫として降臨したニニギノミコトから初代神武天皇の父、ウカヤフキアエズノミコトまでの足跡を記す「日向三代」へ発展してゆく。

〈此の御子は、高木神《たかきのかみ》の女《むすめ》万幡豊秋津師比売命《よろづはたとよあきつしひめのみこと》に御合《みあひ》して生れませる子〉

古事記は、ニニギノミコトの母が高木神の娘だと紹介する。高木神は天地創成の神、高御産巣日神《たかみむすひのかみ》の別名で、ニニギノミコトは、高天原《たかまがはら》の二柱の最高神の孫だと記している。

大阪府泉大津市の泉穴師《いずみあなし》神社。同神社は、オシホミミと栲幡千々姫命《たくはたちぢひめのみこと》（万幡豊秋津師比売命の日本書紀の表記）夫婦を祭り、平安末期の作とされる夫婦の神像を安置する。本殿は、豊臣秀頼が再建したもので、比翼造《ひよくづくり》と呼ばれる二殿一体の建築になっている。

「天照大御神と高木神はともに最高神。二つの系統を尊重した形だろうと思います」

津守康有《やすゆき》宮司はそう話す。高木神については富山大の山口博名誉教授がこう指摘する。

「ユーラシア大陸北方の民族は、宇宙は天上界、地上界、地下界の三界からなり、それを貫く『世界樹』がそびえ立つと考えている。そうした樹木信仰が、神名に表れている」

高木神の登場に、北方の世界観の古事記への影響を読み取る山口氏は、こんなモンゴル神話の存在にも注目する。

「最高神デルクエン・サガンは、地上征服のために子のカン・チュルマス神を降臨させようとした。しかし、辞退されたので、四歳の末子、ゲシル・ボグドウを降臨させた」

モンゴルと日本に、酷似した神話が伝わっていることは興味深い。

「ヒメの神名に含まれる『幡』や『栲』は、布を意味し、織女《おりめ》であることは確か。降臨で大切な真床覆衾《まとこおうふすま》を織る姿を連想させます」

高木神の娘でニニギノミコトの母という系譜だけしか伝わっていないヒメについて、山口氏はそう推察する。真床覆衾は、降臨するニニギノミコトを包んだと日本書紀が書く織物だ。山口氏は、ヒメがそれを織ったと考える根拠に、古代文献の「栲衾《たくふすま》」の用例を挙げる。

〈栲衾新羅国〉（日本書紀）〈栲衾新羅へいます〉（万葉集）

新羅《しらき》にかかる言葉として用いられているのは、栲衾が北方の寒冷地に由来する夜具と認識されていたことを示唆する。愛情を込めて織った織物を着せてニニギノミコトを送り出す母親像を神話は連想させる。

高木神

天地創成の際、最初に高天原に成った（誕生した）造化三神《ぞうかさんしん》の一柱。高天原の神を指す「天《あま》つ神」の中でも別格とされる特別な五柱の神、「別《こと》天つ神」の一柱でもある。

別天つ神の後に四組の夫婦神らが成り、その最後に国生みするイザナキノミコト、イザナミノミコトが登場する。天照大御神は、黄泉《よみ》の国から帰ったイザナキの禊《みそぎ》から出現するので、神の世代としては高木神より相当新しい。高木神は、国譲りの使者や降臨させる神の選択を天照大御神と一緒に行っており、長く高天原に君臨したことがうかがえる。

2 美しく誇り高い阿多の姫

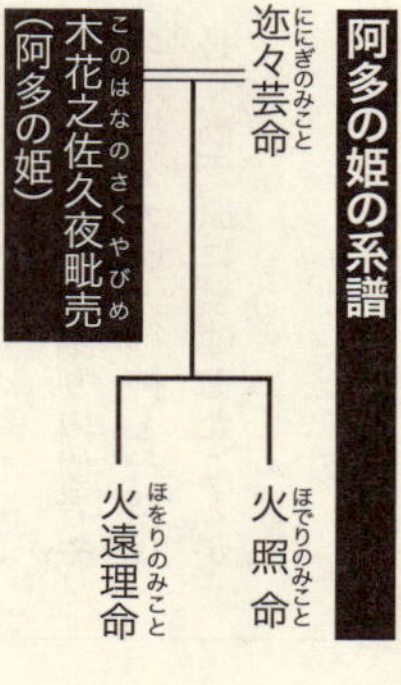

〈是《ここ》に天津日高日子番能迩々芸能命《あまつひこひこほのににぎのみこと》、笠紗《かささ》の御前《みさき》に、麗しき美人《をとめ》に遇《あ》ひたまふ〉

高天原から降臨した天孫ニニギノミコトは、笠紗の岬近くに宮殿を構え、そこで美しい女性に出会ったと古事記は書く。

〈「誰《た》が女《むすめ》ぞ」

「大山津見神《おほやまつみのかみ》の女、名は神阿多都比売《かむあたつひめ》。またの名は木花之佐久夜毗売《このはなのさくやびめ》と謂《い》ふ」〉

〈「吾、汝に目合《あ》はむと欲《おも》ふ。いかに」〉

山の神の娘と名乗るヒメに、ニニギノミコトは求婚したと古事記は記す。

「花が咲くように美しいというコノハナノサクヤビメは大和側の名で、本来は阿多の姫ということです」

鹿児島国際大の元教授、中村明蔵氏はそう話す。阿多は現在の鹿児島県南さつま市

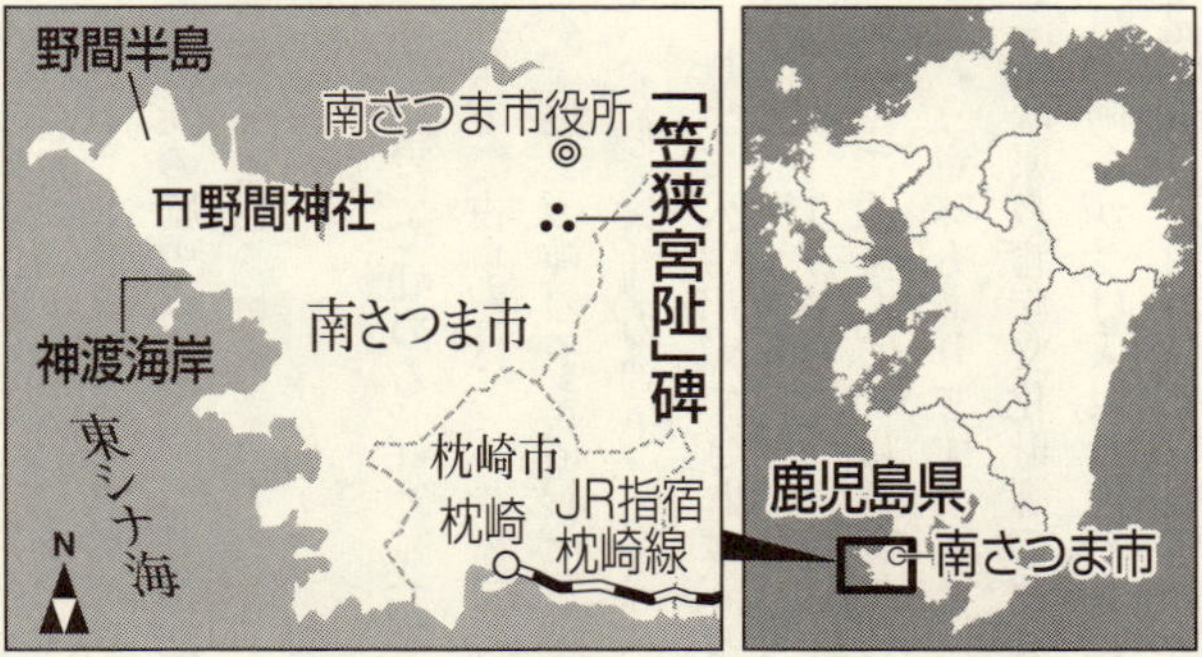

付近。古代の人々は貝の採取など海に生活の糧を求め、外来文化に開放的だったと中村氏は指摘する。神話は、新勢力が平和的に受け入れられたことを推測させる。

「ニニギノミコトは海を渡ってここにたどり着かれたと伝わっています」

ニニギノミコトとサクヤビメを祭る野間神社（南さつま市）の田原公宮司はそう話す。同神社は、笠紗の岬とされる野間半島に鎮座する。上陸地とされるのは神渡海岸。ニニギノミコトが立ったり舞ったりしたという岩場が「立瀬」や「舞瀬」と名付けられている。

同市舞敷野地区には宮殿跡とされる場所があり、昭和十六年建立の「笠狭宮阯《かささのみやあと》」碑が立っている。皇紀二六〇〇年事業の一環として住宅や田畑を買収して公園化されたという。

「大げさに言えば、最初の皇居ですね」

地元の歴史ガイド、福元拓郎氏はそう話す。野間半島の伝承は、仲むつまじい夫婦の姿を連想させる。

〈「一宿《ひとよ》にや妊《はら》める。是れ我が子に非じ。かならず国つ神の子にあらむ」〉

一方で古事記は、ニニギノミコトがサクヤビメの妊娠を疑った「事件」も記している。地上の神の子を宿したと疑われたサクヤビメは、産屋に火を着けた。

〈「もし天つ神の御子にあらば、幸《さき》くあらむ」〉

無事に火中出産できれば、身の潔白は証明できるというのだ。燃えさかる火の中で産声をあげたのが、ウミサチ・ヤマサチで知られる火照命《ほでりのみこと》、火遠理命《ほをりのみこと》ら兄弟である。

「産屋で火をたくのは奄美地方にあった海洋民の習俗で、妊婦を温めるとともに悪霊を払う意味もあります」

宮崎県教育庁文化財課の北郷泰道《ほんごうひろみち》専門主幹はそう話す。サクヤビメの奇抜な行為には、阿多が受け入れた南方文化の色が濃いという指摘である。生まれた兄弟は長じて、兄ホデリが弟ホヲリに服属を誓うことになる。

〈此は隼人阿多君《はやひとあたのきみ》が祖《おや》〉

古事記は、兄が母方の系統を継ぎ、弟の皇統を支え続けたことを書く。ホヲリの孫が開く大和政権は、地方勢力との血縁関係を繰り返して勢力を拡大していくが、その原点は美しく誇り高いサクヤビメだった。

安産・酒造の神

火中出産の記述から、サクヤビメは安産の神、子安信仰と結びつけた神として祭られることが多い。一方で酒造の神とされるのは、日本書紀の一書《あるふみ》で神吾田鹿葦津姫《かむあたかしつひめ》の名で登場し、占いで定めた神に田の稲で天《あめの》甜酒《たむけさけ》をつくってお供えしたことが記されているからだ。

天甜酒は御神酒の元祖とされる。この伝承から父のオオヤマツミは酒解神《さかどきがみ》といい、サクヤビメを酒解子神《こがみ》ともいう。サクヤビメは、富士山を祭る多くの浅間神社の祭神だが、酒造の神としては京都市の梅宮大社などに祭られている。

3

醜い姿 拒絶されたヒメ

石長比売（いわながひめ）の系譜

大山津見神《おほやまつみのかみ》

石長比売《いわながひめ》　木花之佐久夜毗売《このはなのさくやびめ》（阿多の姫）＝迩々芸命《ににぎのみこと》

古事記は、天降《あまくだ》った迩々芸命《ににぎのみこと》と木花之佐久夜毗売の結婚譚に、もう一つの神話を挿入している。ニニギノミコトの申し出にヒメの父親、大山津見神が喜び、姉の石長比《いわながひ》売《め》も一緒に嫁がせようとしたのだ。

〈其の姉は、いたく凶醜《みにく》きに因《よ》り、見畏《みかしこ》みて、返し送りたまふ〉

ニニギノミコトの仕打ちに父神は、二人を差し出した理由を語る。現代文にすれば、次のようなものだ。

「イワナガヒメを妃にすれば、子孫の命が永遠に岩のように堅固であるでしょうし、サクヤビメを妃にすれば、子孫は花の咲き栄えるように繁栄するでしょうと誓約を立てて差し上げたのです。にもかかわらずサクヤビメだけをおとどめになる。このためご子孫のご寿命は、桜の花の盛りの間だけでございましょう」

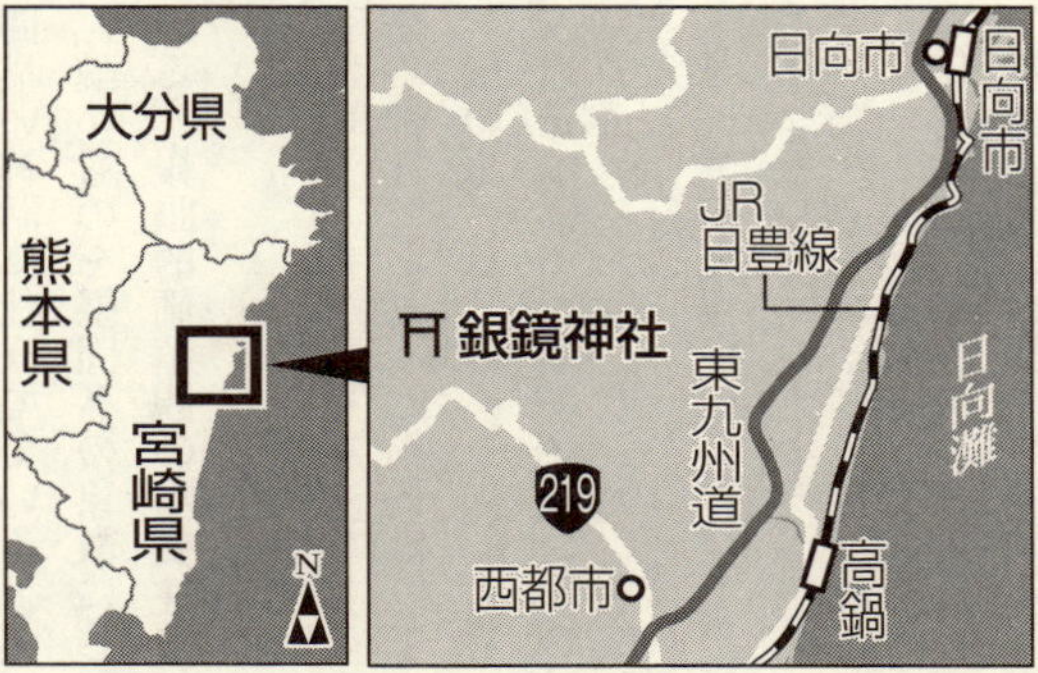

〈故是《ここ》を以《も》ち今に至るまで、天皇命《すめらみこと》等の御命長くあらざるなり〉

古事記は、ニニギノミコトの失策で歴代天皇に寿命ができたと書く。

「天皇といえども命は有限であること、死を免れないことが説明されています。天孫降臨後（の天皇の治世）を語る上で、必要なエピソードになっています」

奈良大の上野誠教授はそう話し、この神話が東南アジア各地に残る「バナナ型神話」と類似していることを指摘する。バナナ型神話とは一般に、神から不死の象徴である石とバナナを与えられた人間が、バナナを選んだことで短命になったとする短命起源の物語である。古事記は、バナナと石を美醜の姉妹とし、選ぶ人間を求婚者にして、人間臭い神話に仕立てている。

「醜いものを堅固さの象徴にし、美しさだけが結婚の基準にならないことを示唆している。複眼的価値観の重要性に気づかせる物語になっています」

宮崎県西都市の銀鏡《しろみ》神社。市街地から車で約一時間の山間にある、イワナガヒメを祭る神社である。ご神体は、霊山、龍房山《りゅうぶさやま》と二面の鏡。その一つがイワナガヒメの鏡と伝わる。

地元には、ニニギノミコトの元から返されたイワナガヒメが、鏡に自分の姿を映したことが伝わる。自らの醜さに怒り、ヒメは鏡を投げた。それが山の頂の木にひっかかり、光った場所が「白見」と呼ばれてヒメも居つき、その後「銀鏡」の字が当てられるようになったという。

「古くから村に伝えられた話です。秘境とも言えるような山間ですが、ヒメを慕って全国各地からお参りが多い」

浜砂則康宮司はそう語る。京都市左京区の貴船神社にもイワナガヒメを祭る「結社《ゆいのやしろ》」がある。ニニギノミコトに拒絶されたヒメが「自分は世の人に良縁をもたらそう」と鎮座したといわれ、今も縁結びの神として名高い。

「神話は場所、時代に応じて再解釈でき、補完も起きる。そうやって成長し続け、豊かな智を伝える話として残るのです」

上野教授はそう指摘する。

銀鏡神社

宮崎県西都市の東米良地区の霊山、龍房山の山岳信仰が発展した神社。オオヤマツミ、イワナガヒメ、後《ご》醍醐《だいご》天皇の皇子の懐《かね》良《なが》親王を合祀《ごうし》して、龍房山と二面の鏡がご神体。鏡の一つはイワナガヒメが投げたとされる鏡で、もう一つは、懐良親王が後醍醐天皇から賜ったとされる割符の鏡。

東米良地区には他にも、「イワナガヒメが髪を整えるために水鏡にした池」などヒメにまつわる伝承が残る。毎年十二月十四日夜から奉納される「銀鏡神楽」は、国指定重要無形民俗文化財で、五百年以上の歴史を持つ。

4 夫・子と別れ ヒメの悲話

豊玉毗売（とよたまびめ）の系譜

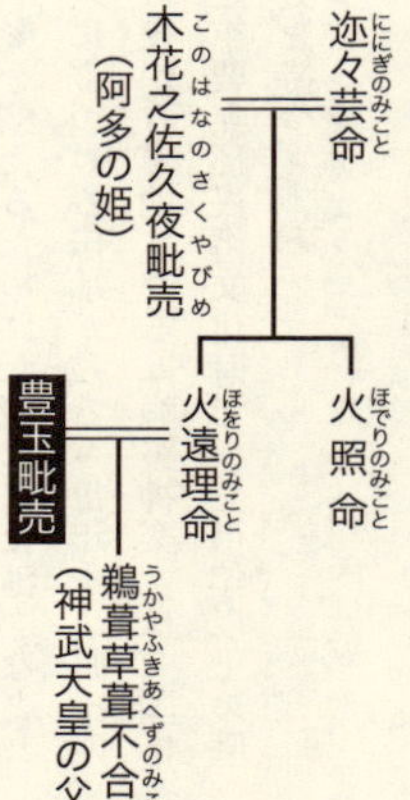

〈「麗しき人有り」〉

古事記は、海の綿津見神《わたつみのかみ》の宮にたどり着いた火遠理命（ヤマサチ）の姿を見た豊玉《とよたま》毗売命《びめのみこと》が、父のワタツミにこう報告したと書く。

ホヲリは天降った迩々芸命の三男。長兄の火照命（ウミサチ）の釣り針を失い、途方に暮れていたところを塩椎神《しほつちのかみ》に導かれた。ワタツミは、天孫と気づいて丁重にもてなし、トヨタマビメと結婚させた。

「麗しき立派な姿は神の力の象徴。ヒメはひと目で魅了されたのでしょう」

宮崎県立看護大の大館真晴教授はそう説明する。三年後、ホヲリの嘆息を気遣ったヒメが父に相談したのを機に、釣り針が見つかった。ホヲリは水を統《す》べる二つの珠を授かり、故郷に戻る。

〈「妾《やっこ》すでに妊身《はら》めり。今産《う》む時に臨みぬ。此を念《おも》ふに、天《あま》つ神の御子は、海原《うなばら》に生みまつるべくあらず」〉

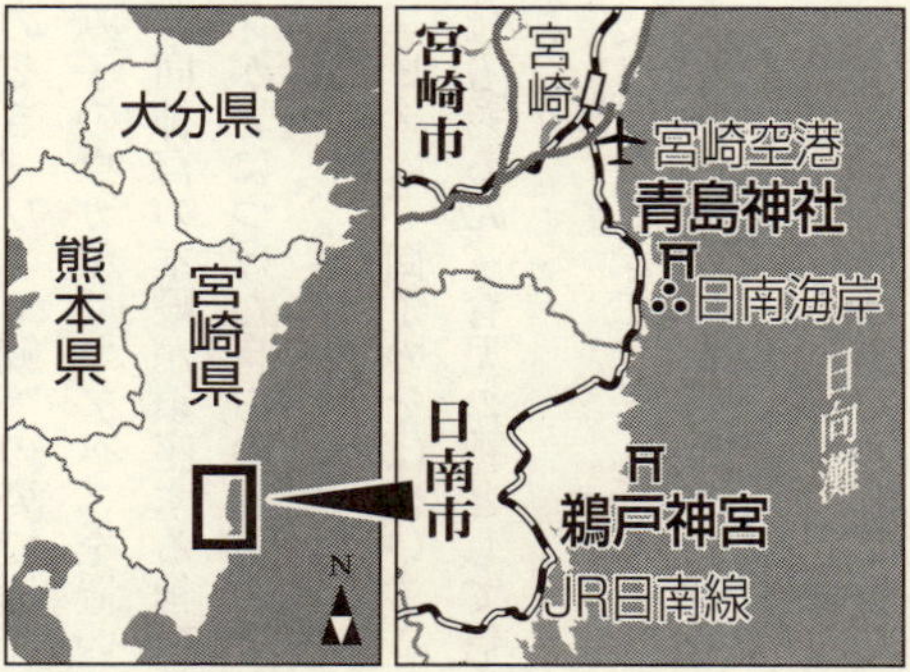

古事記は、ホヲリの元を身重のトヨタマビメが訪れ、天孫の子は異界で生まれてはならないと告げたと書く。ヒメのために海辺に産屋が建てられた。

「生まれたのは後の神武天皇の父になる鵜葺草葺《うかやふき》不合命《あへずのみこと》。皇統に当たる人を異界の人にしない役割をヒメは果たしています」

鵜戸《うと》神宮（宮崎県日南市）の本部雅裕宮司はそう話す。同神宮はヒメの産屋跡に建つとされ、主祭神はウカヤフキアヘズ。古事記はその後、ヒメの悲しい物語に筆を移す。

〈「願《ねが》はくは妾をな見たまひそ」〉

出産前、ヒメはそう頼んだが、ホヲリは産屋をのぞき、ワニ（鮫）の姿で蠢《うごめ》くヒメを見て驚き、逃げた。ヒメは羞恥のあまり、乳飲み子のウカヤフキアヘズを置いて海に帰った。

同神宮の本殿が鎮座する神窟にある「お乳岩」は、母のいなくなる御子のためにヒメが岩につけた自らの乳房といわれる。ヒメはさらに、養育のために妹の玉依毘売命《たまよりびめのみこと》を遣わし、タマヨリビメは岩からしたたる水で飴《あめ》をつくって御子を育てたという。

「ヒメは、御子のそばにいることができなくても母の役割をまっとうした。今は安産はもちろん、育児の神として信仰されています」

〈海坂《うなさか》を塞《ふさ》ぎて、返り入りましき〉

古事記は、トヨタマビメが帰り際、海原へと通じる道を閉じたと記す。

「『見ないで』と禁を設け、その禁が破られるストーリーは、別れを導く仕掛けです。異界との行き来がなくなるのは、物語の舞台が神々の世界から人の世に移ることを意味します」

大館教授は、ヒメが神話を天皇の物語につなげる役割を果たしたと指摘する。

夫婦が暮らしたと伝わる青島神社（宮崎市）がある青島では、五～六月の一時期、ビロウ樹から落ちた実が葉に当たって雨音のように聞こえる。「豊玉の涙」と呼ばれる現象だ。
「自然に手を加えることを禁じる島に昔からの景観が残されているように、ヒメをしのぶ人々の感受性も変わることはありません」
ヒメの悲話を念頭に、長友安隆宮司はそう話す。

夫婦の愛の贈答歌

〈赤玉は　緒《を》さへ光れど　白玉の　君が装《よそひ》し　貴《たふと》くありけり（琥珀は貫く紐まで光らせるが、真珠のようなあなたの姿こそなんと高貴でありましょう）〉

古事記は、海に帰ったトヨタマビメが妹にこの歌を託したと記す。ホヲリは返歌した。

〈沖つ鳥　鴨着《ど》く島に　我が率寝《ゐね》し　妹は忘れじ　世の尽《ことごと》に（鴨が舞い降りる島に自分が伴い寝た妻のことは忘れはしない。命のある限り）〉

夫婦の悲しい別れを強調することで古事記は、神話を描く上巻《かみつまき》の終わりを予感させている。

5

息子の活躍見守る「国母」

玉依毗売（たまよりびめ）の系譜

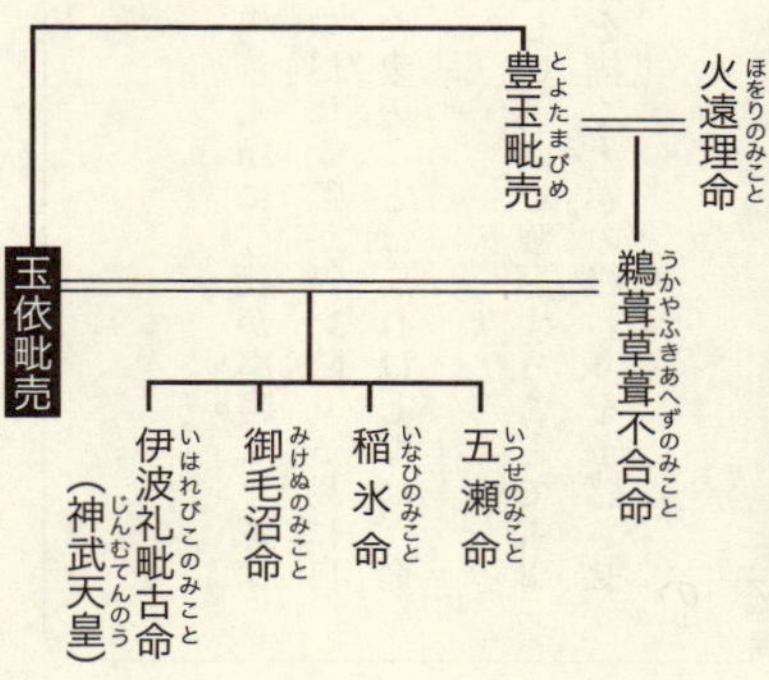

〈此《こ》の所を宮の裏という事鵜戸権現の御やす所なればいう。今北の方を裏という事是《これ》より始まれり〉

宮崎県日南市にある宮浦神社の由来書にそう記されている。同神社は豊玉毗売命の妹、玉依毗売命の住居跡に建つとされる。鵜戸神宮に祭られる高貴な神、鵜葺草葺不合命の妻になったヒメの住居があったことで「宮浦（裏）」という地名がついたというのである。

〈其の御子を治養《ひた》しまつる縁に因り、其の弟玉依毗売に附けて、歌を献《たてまつ》る〉

古事記は、生まれたばかりのウカヤフキアヘズを残して海に帰ったトヨタマビメが、夫の火遠理命の元に妹を遣わしたと記す。やがて成長したウカヤフキアヘズは、母親

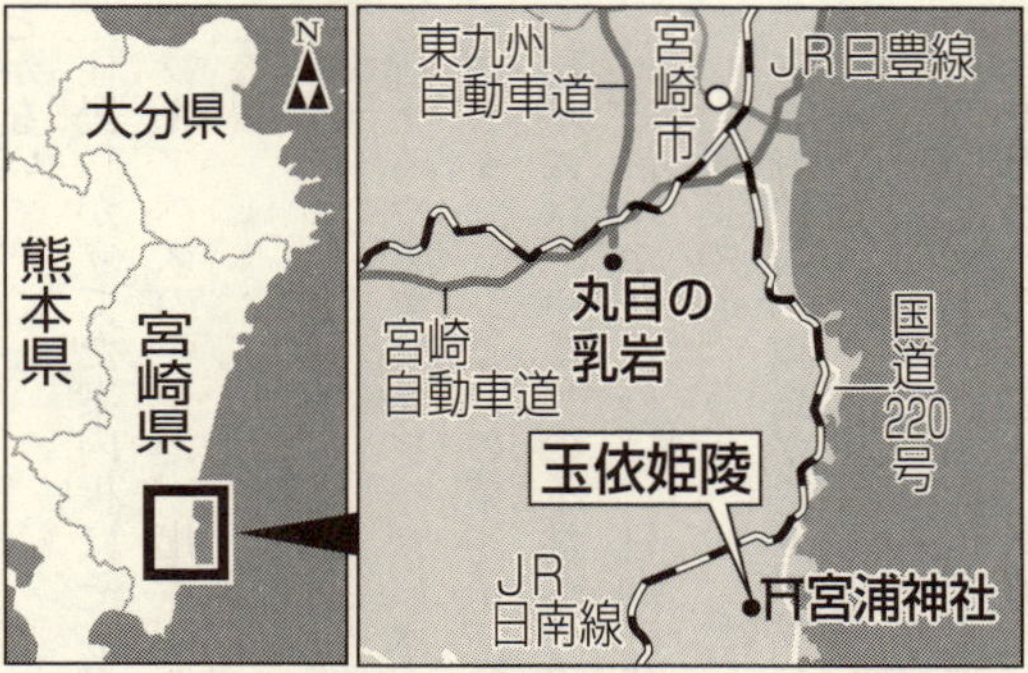

代わりだった叔母と結ばれ、四人の男子を得る。
「おいを育てているうちに愛情がわき、自らも四人の男子を産み、育てたのですから、母性愛の豊かな女神だったと思います。ふっくらとした体つきで優しい性格。そんなイメージです」
　タマヨリビメをご祭神にする宮浦神社の日高雅夫宮司はそう語る。

「丸目の乳岩」

　宮崎市清武町にそう呼ばれる奇岩がある。女性の乳を想像させる形で、地元では「乳岩さま」として祭られている。

〈父命《ちちのみこと》はじめ神々たちは、その赤ん坊を連れて丸目乳岩様に御乳水をもらいに来たという伝説があり、今でも乳の神様として甘酒を満たした竹の小筒二本を供えて、御利益を願う参拝者が絶えるこ

とがない〉

住民らが立てた案内板にそう書かれている。父命とはホヲリ、その赤ん坊とはウカヤフキアヘズのことだ。出産した母親がいなくなって、父子が苦労したことがうかがえる。

乳岩には、鵜戸から狭野（宮崎県高原町）に向かうホヲリとタマヨリビメが、空腹を訴えるウカヤフキアヘズに水を飲ませたという伝承もある。狭野は、ウカヤフキアヘズとタマヨリビメの第四子、後に神武天皇になる神倭伊波礼毗古命《かむやまといはれびこのみこと》の誕生地である。

「伝承には、ホヲリの子供への優しさ、今風に言えばイクメンぶりを示すものも多い。各地に伝承が残るのは、日向三代が地元で活発に活動し、神武東征に向けて力を蓄えていた証拠でしょう」

宮崎市神話・観光ガイドボランティア協議会の湯川英男会長はそう話す。

宮浦神社から約一キロ南西に「玉依姫陵」がある。元は前方後円墳だったが、戦乱などで円形の丘になり、同神社が管理している。

「この地の草を牛馬に食わすと腹痛を起こすと言われて、地元の人が近づかなかったので、一部ながらも残ったのだと思います」

日高宮司はそう話す。陵墓の存在は、ヒメが息子の東征に加わらず、地元で没したことを意味する。

「ヒメは初代天皇の母、初めての国母に当たる女神ですが、九州でも祭っている神社は少ない。控えめで息子の活躍を静かに見守る母親像を想像させます」

初代天皇への助走

日向三代の初代、迩々芸命は山神、大山津見神の娘を娶《めと》った。二代目の火遠理命は海神、綿津見神の娘と結ばれた。古事記の「日向三代」は、大国主命から国譲りされた天照大御神の子孫が、山と海を支配する神の血統を加えて、日本全土を治める資格を得たことを示唆している。

不思議なのはタマヨリビメの出産だ。三代目のウカヤフキアヘズと結ばれてイハレビコ（神武天皇）ら四人の男子を産むが、姉のトヨタマビメのように海神の娘の姿に返ったとは記されていない。神話を人の世の物語につなげる役割を負った女神と評される所以《ゆえん》だ。

トヨタマビメが短い夫婦生活を送ったと伝わる青島と中央に青島神社（宮崎県宮崎市）本文 80 ページ

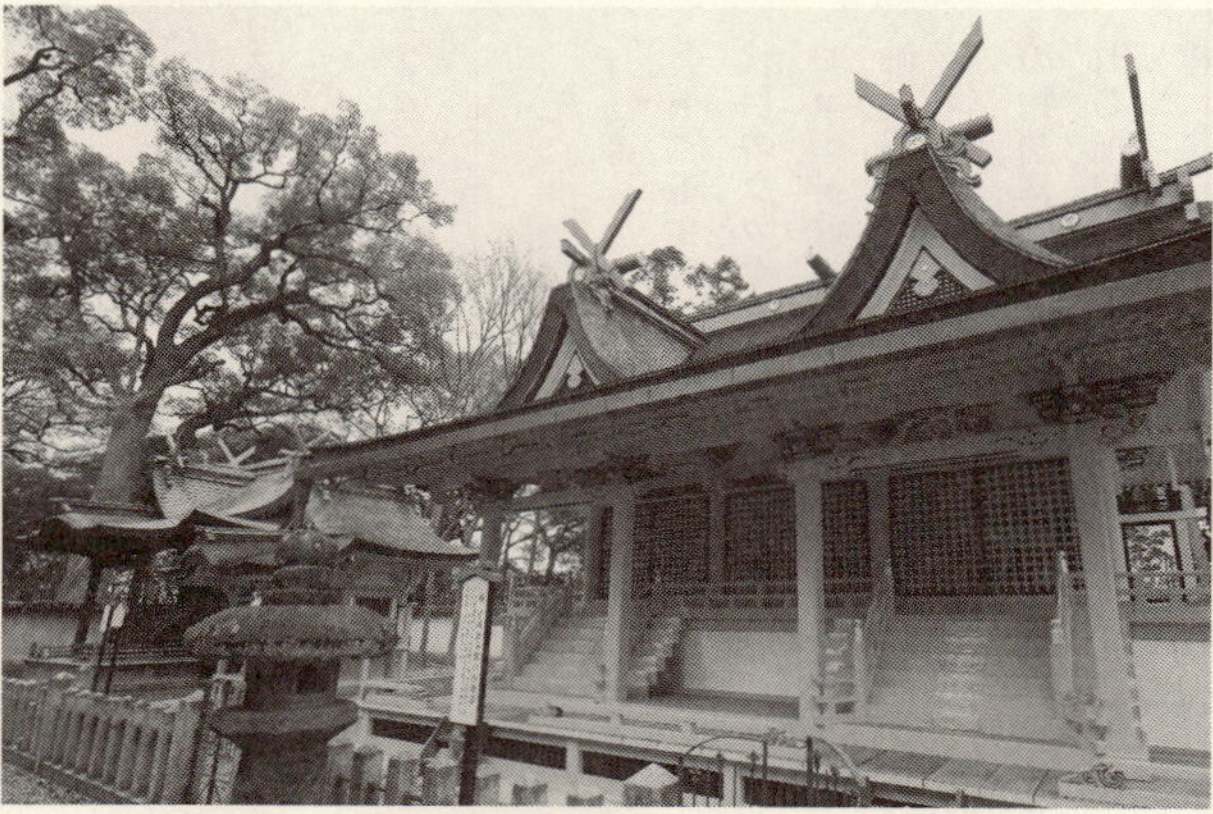

ニニギノミコトの父母を祭る泉穴師神社の本殿（大阪府泉大津市）本文 67 ページ

第四章

初代神武天皇

鵜葺草葺不合命《うかやふきあへずのみこと》と玉依毘売《たまよりびめ》の間に生まれた四男子の末子。即位前の名は神倭伊波礼毘古命《かむやまといはれびこのみこと》。四十五歳で日向を発ち、日本の中心地・大和に宮を移す東征を行った。東征は、古事記では十六年、日本書紀では六年かかったと書かれ、橿《かし》原《はら》で初代天皇に即位。その年から数えた歳月を皇紀とする。二〇一九年は皇紀二六七九年に当たる。

1

正妻譲り「反逆者の母」に

〈日向《ひむか》に坐《いま》しし時に、阿多《あた》の小椅君《をばしのきみ》が妹《いも》、名は阿比良比売《あひらひめ》を娶《あ》ひて〉

古事記がそう書き、カムヤマトイハレビコノミコト（初代神武天皇）の最初の妻として登場するのがアヒラヒメである。イハレビコが大和に向かって東征する前のことだ。

阿多は、イハレビコの曽祖母・木花之佐久夜毗売《このはなのさくやびめ》の故郷。薩摩半島の鹿児島県南さつま市付近を指す。ヒメの名のアヒラは、大隅半島の吾平《あいら》地方（同県鹿屋《かのや》市周辺）の地名だ。

「薩摩半島と大隅半島の両方にゆかりのある女性と考えられます」

鹿屋市文化財保護審議会委員の海老原寛業《ひろなり》氏はそう話す。吾平には、イハレビコの父、鵜葺草葺不合命《うかやふきあへずのみこと》の「西洲《にしのくに》の宮」やその陵墓「吾平山上陵《あいらのやまのへのみさざき》」の伝承地が存在し、吾

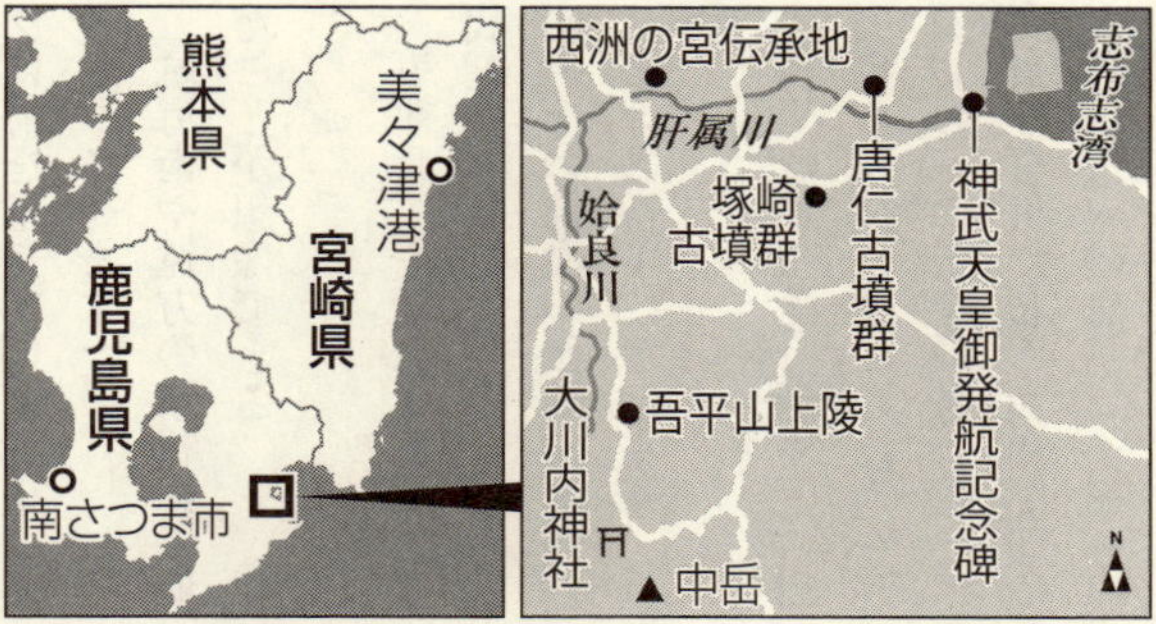

平富士と称される中岳の麓にはヒメを祭る大川内神社がある。

「日向といえば宮崎県ですが、当時は鹿児島県も含んでいた。イハレビコの父が治めていた吾平にヒメがやってきて、二人は出会ったのでしょう」

「薩摩半島西部と大隅半島東部は弥生時代、ともに貝輪交易の拠点でした」

ヒメゆかりの阿多、吾平の共通点をそう指摘するのは鹿児島国際大の中園聡教授である。弥生時代の北部九州の有力者の墓などから出土する貝輪（貝製の腕輪）は、沖縄諸島にまで南下しないと手に入らない大型巻き貝の加工品。海の彼方とのつながりを顕示する権威の象徴だったという。

「南方世界への窓口だった鹿児島には、ダイナミックに海を越えていく弥生人がいました。アヒラヒメの記述は、そうした海洋交易をほうふつさせます」

航海術や遠方の情報を掌握するヒメの一族と結びつき、イハレビコが東征を着想したことが想像できる。

吾平地方を流れる肝属《きもつき》川が志布志湾に注ぐ柏原《かしわばる》海岸（鹿児島県東串良町）には「神武天皇御発航伝説地」の碑が立つ。東征の出航地は宮崎県日向市の美々津港とされるが、その前段の伝承があったのである。

「ヒメは吾平にとどまり、息子の多芸志美美命《たぎしみみのみこと》を父に従わせたと言い伝えられています」

海老原氏はそう話す。古事記はその後のヒメについては触れず、タギシミミが神武天皇の死後に企てた反逆を詳述する。

〈其の三《みはしら》の弟を殺さむとして謀《はか》る〉

東征を果たし、大和で即位した神武天皇が大后《おほきさき》に迎えた伊須気余理比売《いすけよりひめ》との間にもうけた三人の息子、つまり異母弟たちを殺そうと謀るが、察知され、タギシミミは逆に殺される。

アヒラヒメは今、奈良県御所市柏原の嗛間《ほほま》神社に祭られている。

「嫁入りの際、どうしても通らねばならない時は、神社の前に幕が張られました。ヒメの不遇を慮《おもんぱか》ってのことでしょう」

地元自治会長の藤井謙昌《よしまさ》氏はそう話す。正妻の座を譲り、反逆者の母へと身を落としたヒメへの憐憫《れんびん》の情が、伝承となって残っている。

阿比良比売《あひらひめ》

日向では日南市の吾平津《あひらつ》神社に祭られ、航海の安全を願う信仰を集めている。イハレビコの東征に同行せず、地元に残って夫の成功を祈った神話が元になっている。

明治までは乙姫大明神の名でも信仰された。海との深い関係から浦島太郎伝説の乙姫を連想させたからだが、一方で「甲」に対する「乙」、つまり正妻の座を譲った人柄をしのんで地元の人が俗称したという説もある。神社名になっている吾平津は、日本書紀がヒメを「吾平津媛」と記していることに由来する。

2 母の御霊守護 ヒメに託す

〈豊国《とよくに》の宇沙《うさ》に到《いた》りましし時に、其の土人《くにびと》名は宇沙都比古《うさつひこ》・宇沙都比売《うさつひめ》二人、足一騰宮《あしひとつあがりのみや》を作りて、大御饗《おほみあへ》を献《たてまつ》る〉

古事記は、カムヤマトイハレビコノミコトが、東征の最初に宇沙（大分県宇佐市）に寄り、有力者であるウサツヒコ・ウサツヒメ（日本書紀では菟狭津彦《うさつひこ》・菟狭津媛《うさつひめ》）の盛大なもてなしを受けたと書く。

「宇佐など豊前の海岸部の勢力は、大和政権の成立期にいち早く帰順したとみられています」

別府大の後藤宗俊名誉教授は、こう指摘する。後藤氏によると、ヒコとヒメが対で登場するのは、シャーマン（巫女《みこ》）の女性が祭祀《さいし》を行い、政治の実務は兄か弟が担う邪馬台国のような古い統治構造に符合する。伝承は、大和政権がこうした地を次第に従えていったことを物語る。
「在地の首長《しゅちょう》にも大和政権と結び、その力を得て地方の支配を確立したいという思惑があり、大御饗は、すすんで恭順の意を示したことを表現しているのでしょう」

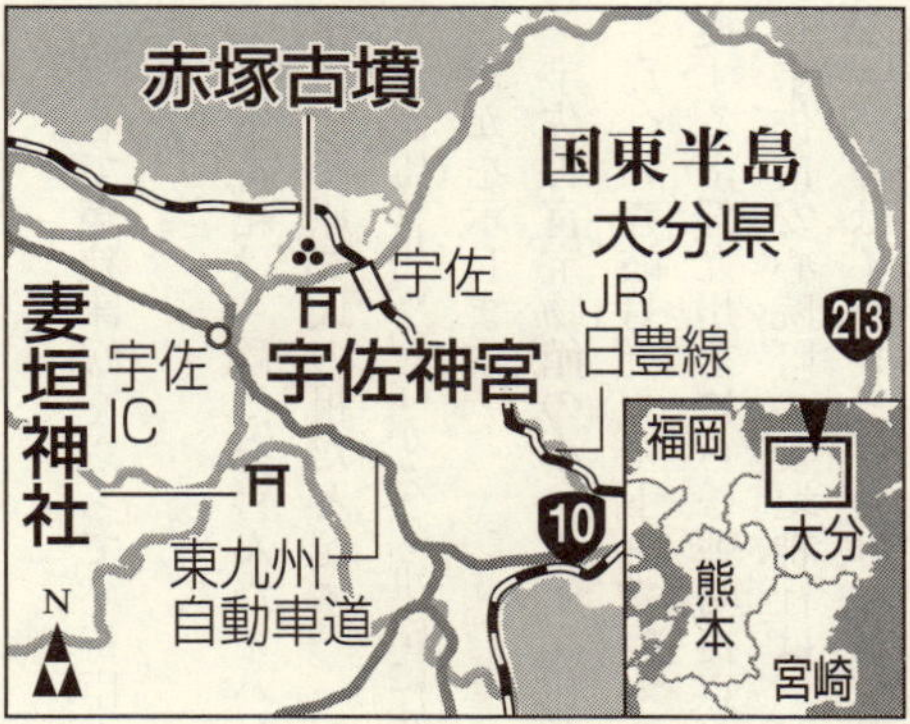

古代からの大和政権と宇佐の関係を裏付けるのが九州最古の前方後円墳（三世紀後半）とされる赤塚古墳（宇佐市）だ。前方後円墳は地方では政権に服属することで造営を認められたとされ、日本最古級の箸《はし》墓古墳（三世紀半ば頃、奈良県桜井市）に続く時期の造営とされることからも、宇佐が大和政権草創期に勢力圏に入っていたことがわかる。

大分県立歴史博物館の村上博秋主幹研究員は「赤塚古墳の被葬者は、記紀でウサツヒコ・ウサツヒメと名付けられた有力者の系譜に連なる豪族と考えられます」と説明する。

〈勅《みことの》して菟狭津媛を以《も》ちて、侍臣天種子命《まへつきみあまのたねこのみこと》に賜妻《めあは》せたまふ。天種子命は、是中臣氏《これなかとみのうぢ》が遠祖なり〉

日本書紀は、歓待を喜んだイハレビコがウサツヒメを従臣と結婚させ、従臣は後の中臣（藤原）氏の祖だと記す。

「（中臣鎌足につながる）重臣に嫁いだとする位置づけは、宇佐がいかに重視されていたかを示します」

宇佐神宮宝物館の小倉正五文化財研究委員はそう言う。宇佐は畿内にとって、朝鮮半島への壱岐対馬ルートを掌握する北部九州と、緊張関係が続くクマソ・ハヤトが割拠する南部九州をにらむ戦略拠点だった。

宇佐市安心院《あじむ》町の妻垣《つまがき》神社は、アマノタネコがウサツヒメを妻にした故事に由来する。祭神はイハレビコの母、玉依毗売命《たまよりびめのみこと》。神社の旧事記は由緒をこう書く。

〈この地を気に入った神武天皇が母のため祭祀を行うと、川の中の岩にその魂が現れ、舞い上がって山中の巨石に降臨した〉

巨石は、本殿近くの共鑰《ともかぎ》山に元宮として祭られる。妻垣常彦禰宜《ねぎ》は「神武天皇は、母の御霊を守る役割をウサツヒメとその子孫に託されたのでしょう」と話す。

東征途上の地方で女性の力も借りながら、イハレビコの国造りは進んでいったのだ。

川部・高森古墳群

赤塚古墳をはじめとする大分県宇佐市の古墳群。三～六世紀の前方後円墳六基を中心に、大小百基以上に及ぶ。古墳時代に宇佐地方を支配していた首長やその一族によって築かれた墓地と考えられている。

国指定史跡。大分県立歴史博物館を含む「宇佐風土記の丘」として整備されている。

赤塚古墳の次に古い四世紀後半の前方後円墳・免《めん》ヶ《が》平《ひら》古墳からは、女性の骨が銅鏡や腕輪などの副葬品とともに出土。当時の宇佐にウサツヒメのような首長級の女性が実在していたことを裏付けている。

3 女性首長の勇猛 時を経て

〈軍《みいくさ》、名草邑《なぐさのむら》に至り、則《すなわ》ち名草戸畔《なぐさとべ》といふ者を誅《う》つ〉

カムヤマトイハレビコノミコトが東征の途上、討った豪族として日本書紀が触れているのが名草戸畔である。生駒越えを在地豪族ナガスネビコに阻まれ、紀伊半島を南下して倒した相手だ。

戸畔とは、四世紀以前の女性首長に使われた名称で、イハレビコと戦ったのは女性と推測される。地名の名草は、和歌山市南部あたりを指す古い地名で、和歌浦湾に面する名草山（標高約二三〇メートル）になごりがある。古代、紀伊国造《くにのみやつこ》勢力が拠点を置いた中心地だ。

「名草郡には奈良時代、他の地域にないほど多く天皇が訪れています。天皇の威光を示す行幸は、過去に強い抵抗勢力があったことを示唆しているのかもしれません」

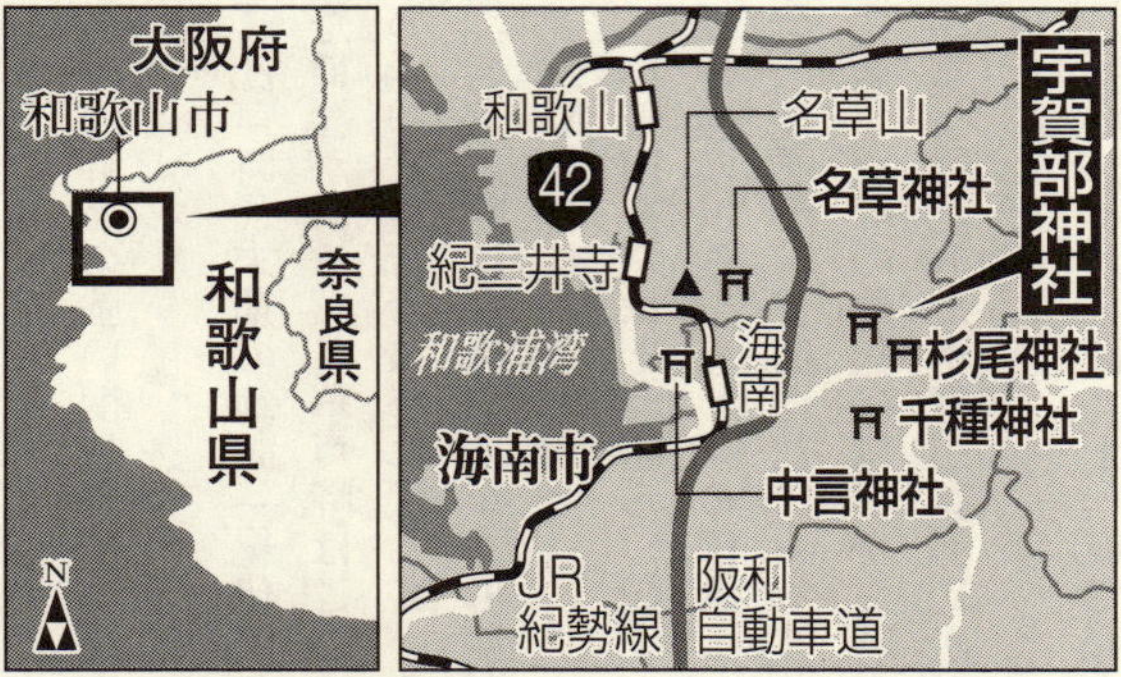

和歌山県立博物館の竹中康彦学芸課長はそう話す。

同県海南市小野田の宇賀部《うかべ》神社。名草山から五キロほどしか離れていない同神社には、名草戸畔の頭部が葬られたと伝わる。代々宮司を務める小野田家は名草戸畔の子孫ともいわれ、戦場となったのは名草山と同神社の間にあるクモ池付近と伝承される。

「皇軍と戦ったことを公然とは伝えられなかったのでしょう。地元でも伝承を知る人は少ないのですが、慕われる首長だったと思っています」

小野田典生《みちお》宮司はそう話す。同神社は「頭の神様」として知られ、入試シーズンには合格祈願の参拝者で賑《にぎ》わう。「おこべさん」という通称は、御頭《おんこうべ》がなまったとも考えられる。

周辺には、名草彦命《なぐさひこのみこと》、名草姫命《なぐさひめのみこと》という夫婦神を祭る名草神社や中言《なかごと》神社などがある。名草戸畔との強い関連や同一性をうかがわせる祭神を、地元の人々は守り続けている。

江戸時代末期の地誌「紀伊国名所図会」に、名草戸畔とイハレビコの遭遇を想像した挿絵がある。名草戸畔はここでは烏帽子《えぼし》姿の男性で、船から下りてきた中国風衣装の「神武皇帝」にひれ伏している。

「名草戸畔は女性ではなく男性だった。殺されることなく降伏したなど、さまざまな説が唱えられています」

小野田宮司はそう語る。記紀が名草戸畔について多くを語らないためだが、イハレビコへの恨みを思わせる伝承はない。名草に着く前に戦死したイハレビコの兄・五瀬《いつせの》命《みこと》の墓所が宇賀部神社にあることからも、和解があったことを思わせる。

名草戸畔の勇猛ははるかな時を経て、思いがけない形で示された。小野田家出身で陸軍少尉だった小野田寛郎《ひろお》氏がフィリピン・ルバング島で、戦後三十年近くも戦い続けたことだ。

平成二十六年に九十一歳で死去した寛郎氏は生前、こんな文を残している。

〈名草の軍勢は神武軍を撃退した。それでやむなく神武軍は、紀伊半島を迂回《うかい》して熊

野に入らざるを得なかった〉

宇賀部神社には今、寛郎氏が揮毫《きごう》した「不撓《ふとう》不屈」の碑が立っている。

名草戸畔《なぐさとべ》の亡骸

イハレビコに敗れた名草戸畔の亡骸《なきがら》は頭、胴、足に三分割されたと伝わる。頭は宇賀部神社、胴は杉尾神社、足は千種神社と、海南市内の三カ所に埋葬されたという。それぞれ「おこべさん」「おはらさん」「あしがみさん」と呼ばれ、各部位の病気平癒を願う参拝者も多い。

遺体の分割は、各部から作物などが生じたとする起源神話につながるものとして、世界的に共通して見られる。日本では、伊《い》耶《ざ》那美神《なみのかみ》を死なせた迦具土神《かぐつちのかみ》を切った伊耶那岐神《なきのかみ》の刀の血から多くの神が生まれたとされ、再生の物語になっている。

4 初代皇后は「神の御子」

〈「此間《ここ》に媛女《をとめ》有り。是れ神の御子《みこ》と謂《い》ふ」〉

古事記は、東征して初代神武天皇に即位したカムヤマトイハレビコノミコトに大后を迎えるよう勧める臣下の言葉をそう記す。臣下はその後、女性が神の御子と言われる理由を次のように述べる。

(1) 元々は母が、勢夜陀多良比売《せやだたらひめ》という三嶋の湟咋《みぞくひ》の娘で、実に美しい女性だった。

(2) 美和の大物主神《おおものぬしのかみ》がその美貌に感じ入り、赤く塗った矢に姿を変えて、用を足すヒメの陰部を突いた。

(3) ヒメは驚き、矢を寝所に持ち帰ったところ、矢は美男子に変わり、結ばれて伊《い》須気余理比売《すけよりひめ》を生んだ。

〈「是を以ち神の御子と謂う」〉という臣下の言葉は、大和の美和（現在の奈良県桜井市三輪）の神と、摂津の三嶋（現在の大阪府茨木市、高槻市付近）の豪族の娘を父母とする娘こそ、初代天皇の正室（大后）にふさわしいと断じている。

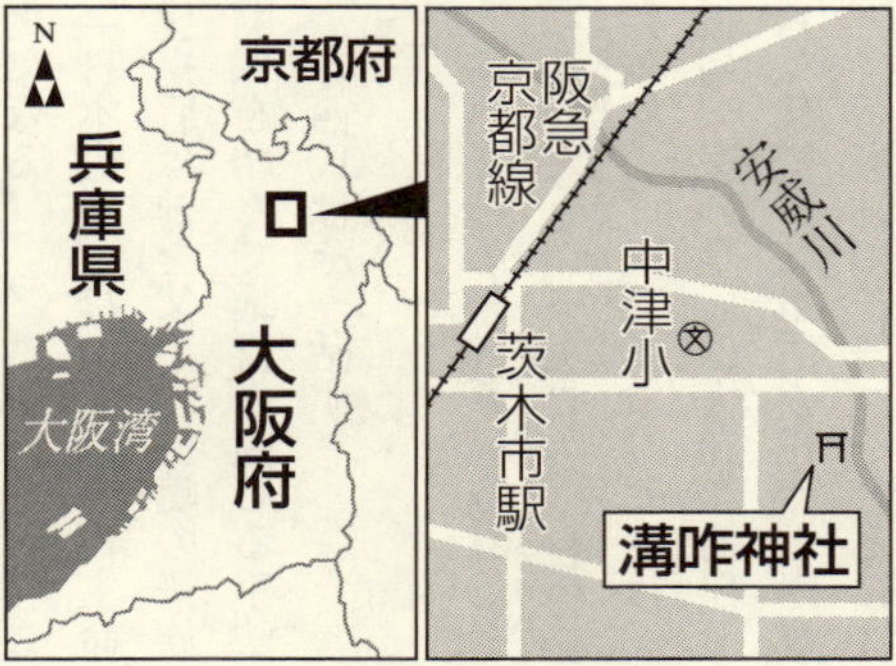

「日向から大和に入ったイハレビコの神武天皇としての即位を、大和と摂津の勢力が支えたことを示す記述でしょう。摂津は後世、中臣鎌足が別荘を設けたように、豊かで大和に準じる重要地域ですから」

関西大の寺西貞弘講師はそう話す。勢夜陀多良比売の「勢夜」は戦闘用の矢「征箭《そや》」に通じる言葉で、一族が武力に秀でていたことを推測させる。

セヤダタラヒメは今、十代崇《す》神《じん》天皇の頃の創建と伝わる溝咋《みぞくい》神社（大阪府茨木市）に「玉櫛媛《たまくしひめ》命《のみこと》」の名で祭られている。玉櫛媛命は日本書紀が記す名前で、父は溝咋耳命《みぞくひみみのみこと》、夫は事代主命《ことしろぬしのみこと》とするのが同神社の伝承である。事代主命は大国主命《おおくにぬしのみこと》の子で、出雲勢力の父を持つ人が初代皇后ということになる。

「日本書紀も母の夫は事代主命と書いているが、大物主神にせよ事代主命にせよ、初代皇后は神を父と、三嶋の豪族の娘を母にしていることになる。在地の有力者と婚姻関係を結んで地盤を固める手法が、初代天皇の時から見られます」

寺西氏はそう話す。


溝咋神社の祭神系図を見ると、ヒメは三人の子を生んだと記されている。初代宰相になったという天日方奇日方命《あめのひかたくしひかたのみこと》と媛踏鞴五十鈴媛命《ひめたたらいすずひめのみこと》（イスケヨリヒメ）、そして五十《いす》鈴依媛命《ずよりひめのみこと》。イスズヨリヒメは二代綏靖《すいぜい》天皇の皇后になったとされている。古事記では、綏靖天皇の皇后は大和の河俣毗売《かはまたびめ》と書かれているが、地元の伝承では、三嶋の勢力から二代続けて皇后が出たとされているのである。

「皇后も神の子で、それと結ばれたとすることで政権の正当性を強め、安定を図ろうとする考えは古事記にも見える」

大阪市立大の毛利正守名誉教授はそう話す。毛利氏が注目するのは、臣下が結婚を勧める際に使った「神の御子」という言葉だ。

「御子は本来、天つ神に使われる言葉。在地の神である国つ神の大物主神や事代主命

の娘に使うのは異例のこと。皇后は天つ神に匹敵する地位にある人だと強調している
のでしょう」

天つ神と国つ神

天つ神は、天上界である高天原にいるか、高天原から天下った神々のこと。国つ神は、天孫降臨の前から地上界を治めていた土着の神々の総称。天つ神の代表格は天照大御神で、国つ神の代表格は天照大御神に国譲りした大国主命。

大国主命は、天照大御神の弟・須佐之男《すさのを》命《のみこと》の六代後の神だが、天岩屋隠れで高天原を追放された須佐之男命も国つ神に数えられるため、国つ神とされている。記紀は、皇祖神である天照大御神を最高神として描いているため、天つ神を国つ神の上とする価値観が随所に見られる。

5 歌で御子救った初代皇后

〈「倭の　高佐士野《たかさじの》を　七行《なな》く　媛女《をとめ》ども　誰をしまかむ」〉
〈「かつがつも　いや先立てる　兄をしまかむ」〉

東征に成功して即位した初代神武天皇が、大后を選んだ際の会話を古事記はそう書く。高佐士野は現在の奈良県桜井市、狭井《さい》川沿いの台地で、そこを歩く七人の乙女のうちだれを妻にするかと問う臣下に天皇は、先頭に立つ年長者にしようと答えた。それが大物主神《おおものぬしのかみ》と勢夜陀多良比売《せやだたらひめ》の娘、伊須気余理比売だった。

「大和に入った天皇は、その土地を決して制圧し、のみ込もうとするのではなく、融和されようとした。その象徴が地元の三輪の神の御子であったイスケヨリヒメとの結婚だったのでしょう」

大物主神を祭る大神《おおみわ》神社（奈良県桜井市三輪）の鈴木寛治宮司はそう話す。

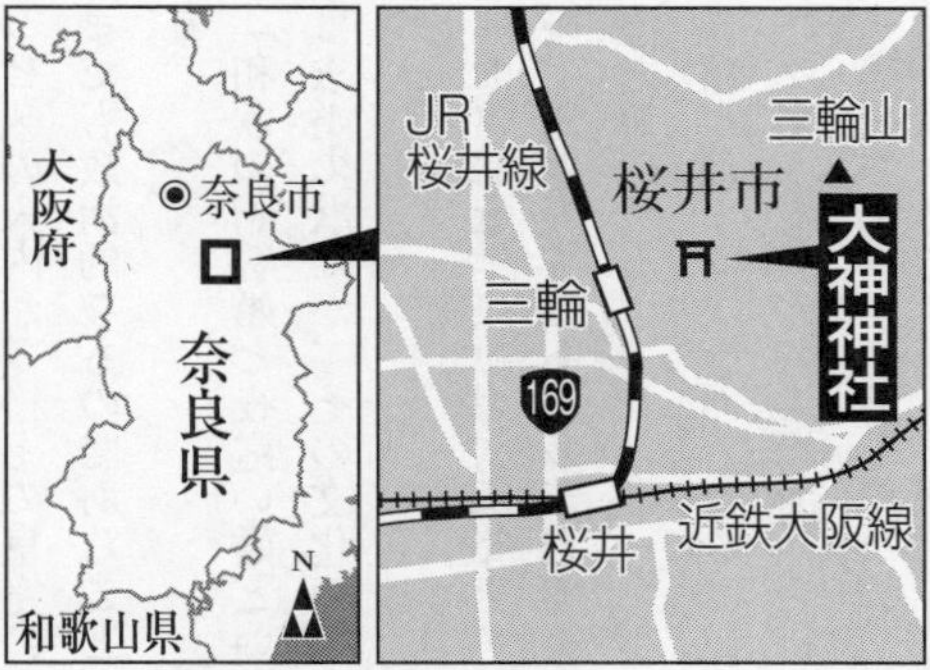

〈其の伊須気余理比売命の家、狭井河の上に在り〉

そう書く古事記は、家の周囲に山ゆりが咲き乱れていたことを示唆する。

〈其の河を佐韋《さゐ》河と謂《い》ふ由は、其の河の辺に、山ゆり草多《さは》に在り。（中略）山ゆり草の本《もと》の名佐韋と云ふ〉

狭井川は現在も、大神神社のご神体である三輪山から境内北側の谷筋へと東西に流れている。父の大物主神のお膝元ともいえる一等地に住むヒメの元に、天皇は通って一夜を過ごした。その後に参内したヒメに、天皇は歌を贈る。

〈葦原の　しけしき小屋に　菅畳　いや清《さや》敷きて
我が二人寝し（葦原のむさくるしい小屋に菅の畳を清らかに敷いて、我と二人寝したことだ）〉

ヒメの入内《じゅだい》が、格上の皇室に入るものと強調するような内容で、天皇の結婚がどこまでも政治的なものであることがわかる。一方で関西大の寺西貞弘講師はこう指摘する。

「和歌の贈答婚と夜這い婚という古代からの結婚形態を示している。万葉集の一番歌は求婚の歌だが、その文化の始まりが古事記の記述に見えます」

ヒメにとって歌は、天皇との間にできた御子たちを守るものにもなる。天皇の崩御後、先妻の子である多芸志美美命《たぎしみみのみこと》が御子たちを殺そうとするが、ヒメは歌を贈って危機を知らせる。

〈狭韋河よ　雲起《た》ちわたり　畝火山《うねびやま》　木の葉さやぎぬ　風吹かむとす〉

タギシミミがいる場所から御子たちの場所に向かって、風が吹こうとしているという歌である。その意を悟った二人の御子は協力して、先手を打ってタギシミミを討った。

ヒメは今、「子守明神」として率川《いさがわ》神社（奈良市本子守町）に祭られている。

「機転を利かせて歌で御子の危機を救った母のご神徳が信仰を集めているようです」

同神社を摂社にする大神神社の山田浩之権禰宜《ごんねぎ》はそう話す。二人の御子のうちの弟、神沼河耳命《かむぬなかはみみのみこ》は二代綏靖天皇になった。初代皇后は皇統を守ったことでも、初代神武天皇の国造りを助ける内助を発揮したのである。

ゆり祭り

毎年六月十七日、大神神社の摂社、率川神社で行われる大祭「三枝祭《さいくさ》」のこと。神社に笹ゆり（山ゆり）を供えて祝うことからこの別名で呼ばれる。同神社の祭神は「媛蹈鞴五十鈴姫命《ひめたたらいすずひめのみこと》」、つまりイスケヨリヒメである。

大祭については、三島由紀夫が『豊饒の海』のために取材し、〈これほど美しい神事は見たことがなかった〉と描写した。供えられるのは三輪山で育った笹ゆりで、大神神社の信奉者らを中心に栽培が続けられており、五月末から六月にかけて境内の「ささゆり園」で観賞できる。

ウサツヒメの伝承を今に伝える妻垣神社（大分県宇佐市安心院町）
本文 94 ページ

初代皇后の母を祭る溝咋神社（大阪府茨木市）
本文 101 ページ

第五章

十一代垂仁天皇

全国各地に将軍を派遣して王権の基礎を固めた十代崇神《すじん》天皇の跡を継いだ十一代天皇。纏向《まきむく》に遷都し、諸国に多くの灌漑池を造成して農業を盛んにしたと伝えられる。娘の倭《やまと》比売《ひめ》に天照大御神《あまてらすおほみかみ》の分身である鏡の安置場所を探すように命じ、ヒメは伊勢に祭った。これが伊勢神宮の由来とされる。皇后とその兄による沙本毘古《さほびこ》の乱を経験。その際に最愛の皇后を失った。

1 夫か兄か揺れ動く心

奈良市法蓮町《ほうれんちょう》の狭岡《さおか》神社は、万葉集などに出てくる「佐保」の丘が、名の由来とされる。付近は、十一代垂仁《すいにん》天皇の后《きさき》となった沙本毗売命《さほびめのみこと》が成人するまで、母と住んでいた場所といわれるところだ。

境内には、ヒメの伝承を伝える「鏡池」などと呼ばれる池がある。平成十七年、氏子たちが保水工事を施した。それまで枯れることのなかった水が、下水工事の影響などで絶え始めたのを危惧して整備された。

「祖父や父から口伝えでサホビメの池と教わりました。この物語を次の世代に伝えるためにも、池を残したかった」

氏子の一人、脇田力男氏はそう話す。戦後しばらくは周辺に点在していた、ヒメを鎮魂する「ヒメヅカ」が宅地造成などでなくなった今、ヒメの足跡を伝える貴重な場

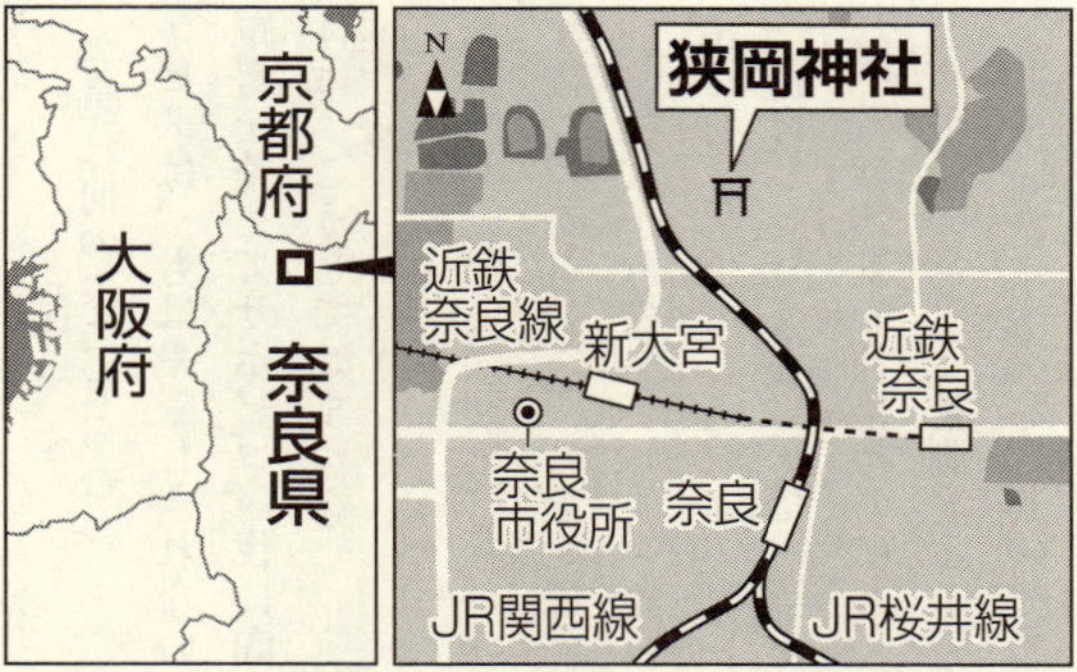

所である。

〈「夫と兄と孰《いづ》れか愛《は》しき」〉

〈「兄ぞ愛しき」〉

兄の沙本毘古王《さほびこのみこ》に問われてそう答えたことから、ヒメと天皇の悲劇は始まる。ヒメの夫は垂仁天皇で、兄妹は天皇のいとこ。兄は皇位をねらっていた。

〈「汝《いまし》まことに我を愛しと思はば、吾と汝と天の下治《し》らさむ」〉

サホビコはヒメに小刀を渡した。ヒメは自分の膝枕で眠る天皇を刺そうとしたが、小刀を三度振り上げ、三度とも躊躇《ちゅうちょ》した。悲しみの涙がこぼれ落ち、天皇は目覚めた。そして、沙本（佐保）の方向から暴雨が来て自分の顔をぬらし、錦色の小蛇が首に巻き付いた夢を見たと言って、ヒメに問う。

〈「是《こ》れ何の表《しるし》に有らむ」〉

ヒメは、もはや隠しきれないと覚悟を決め、企てを克明に告白する。天皇は怒り、軍勢を整えてサホビコ討伐に向かった。古事記が〈沙本毗古の反逆〉として記す大事件は、こうして始まった。

「同母の兄から謀反を持ちかけられた時、血縁と姫彦《ひめひこ》制の強い絆で結ばれた兄に思わず従ったが、いざ小刀を手にすると、ヒメの心は夫と兄の間で激しく揺れ動いた」

昭和女子大の烏谷知子教授はそう話す。姫彦制とは、祭祀《さいし》をつかさどる女性と、政治を行う男性の二者による共同統治のことで、天皇国家が成立する前の古代日本では一般的だった政治制度だ。烏谷教授は、姫彦制で沙本地域を治めていた旧勢力が、新しい統治体制の天皇勢力にとって代わられ、抗争の終結の印としてヒメが立后《りっこう》したことが事件の背景と推測する。

〈此の時沙本毗売命、其の兄にえ忍《あ》へず、後《しり》つ門《と》より逃げ出でて、其の稲城に納《い》る〉

古事記は、天皇の軍勢が出陣した後、ヒメが兄を思う情を抑えかね、宮殿を抜け出て兄の城に奔《はし》った、と書く。

「天皇に問われて心情を整理しながら語ることで、ヒメは旧制度側に立つ運命を悟った。透徹した目を持つ芯の強い女性が覚醒していったのでしょう」
悲劇は、舞台を戦場に移す。

狭岡神社

社伝によると、奈良時代に藤原不比等が鎮護国家、藤原氏繁栄のため、邸宅の丘上に天神八座を祭祀したのが縁起とされる。藤原氏一門が氏神である春日明神を参詣する際は、この地に参籠《さんろう》して精進潔斎《しょうじんけっさい》した後、春日社に詣でたという。

奈良市の東大寺転害門を起点にして一条通りを西に向かい、法華寺に到るまでの「佐保路」一帯で、里の氏神として代々、「産業の天神」「智恵の天神」などとして崇敬されている。

近くの常陸神社も佐保の里の氏子が守り伝え、サホビメの社がある。

2

殉死 旧制度崩壊を象徴

〈天皇、其の后《きさき》の、懐妊《はら》めると、愛《うつく》しび重みしたまへること、三年に至るに忍《あ》へず〉

古事記は〈沙本毗古の反逆〉で、兄の沙本毗古王の城に奔《はし》った沙本毗売命が十一代垂仁天皇の子を妊娠していたことと、三年も一緒に暮らしたヒメに愛情が募っていたために、天皇が攻撃を急いで命じなかったことを記す。やがて、ヒメは御子を産んだ。

〈「もし此の御子を、天皇の御子と思ほし看《め》さば、治め賜ふべし」〉

〈「其の兄を怨みつれども、なほ其の后を愛しぶるにえ忍へず」〉

御子を引き取ってほしいと言うヒメに天皇は、反逆を主導したサホビコは憎いが、ヒメはいとおしいとして承知する。その一方で、御子を渡しに出て来るヒメの髪か手をつかんで連れ戻すよう兵に命じた。ヒメは天皇の心を見透かし、髪をそり落として頭に載せ、腐食させた紐《ひも》の飾り玉と着物を身にまとった。兵は、ヒメを連れ戻すこと

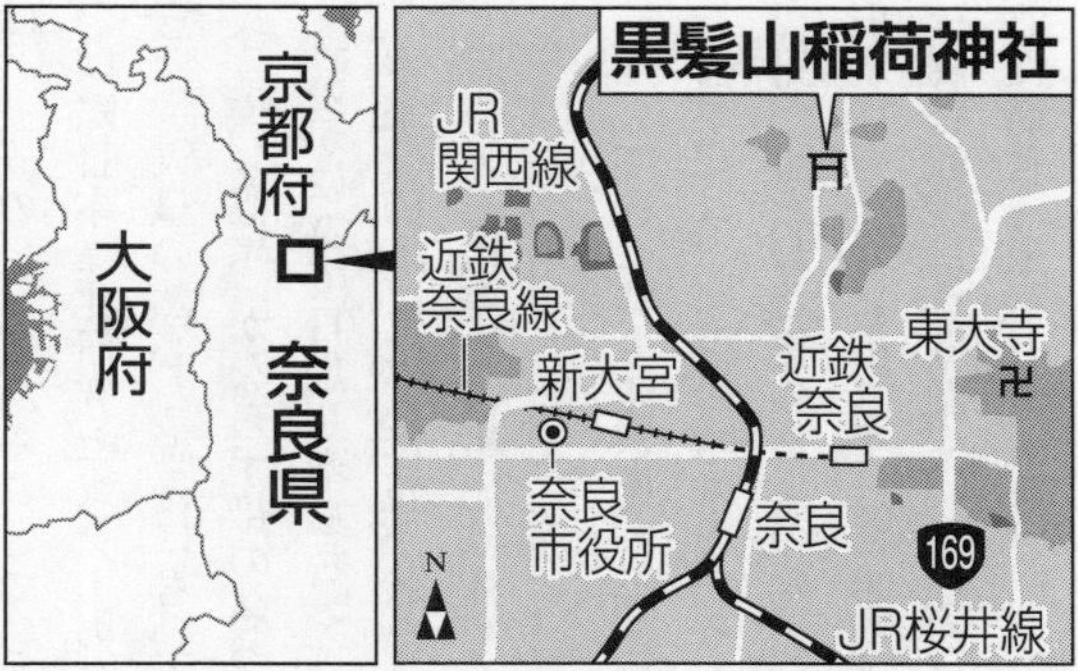

ができなかった。

「黒髪山」。奈良市北部でそう呼ばれる丘陵地が、ヒメがそり落とした黒髪を埋めた場所と伝わる。

「ヒメは、自分の運命、氏族の中での役割を最後まで貫き通そうとしていて、誇りと潔さが漂います。謀反を企て、旧体制側にいる自分は決して、天皇の下に帰ることが許されないと自覚していたのでしょう」

ヒメの行動について、昭和女子大の烏谷知子教授はそう分析する。サホビコの反逆は、兄妹が政《まつりごと》と祭祀《さいし》を分掌する旧制度勢力が古代天皇国家に敗れ去る時代の必然だった。

「一族の政と祭祀をそれぞれ担ったであろうサホビコとサホビメは名前も対をなし、とりわけ結び付きの強さを感じさせる。サホビメの本来の運命は、一族のヒメであることでした」

国際日本文化研究センターの名誉教授で国文学者の中西進氏もそう話す。ヒメの決意は、天皇の熱心な説得にも動かなかった。

〈「子の名は、かならず母の名づくるを、いかにか是の子の御名を称《い》はむ」〉

〈「いかに為《し》て日足し奉らむ」〉

本来は御子には、母親が名をつけるべきだし、どうして育てればよいかわからない、と嘆く天皇の姿を古事記は活写している。

〈然《しか》して遂に其の沙本比古王を殺したまふ。其のいろ妹《も》も従ふ〉

古事記は、事件の結末をそう記す。ヒメは、天皇に討たれた兄と運命を共にした。

「兄が討たれた後のヒメの殉死は、姫彦《ひめひこ》制の終焉《しゅうえん》を意味しました。結果的に、ヒメは旧制度を一身に引き受けて幕引きを担ったことになります」

烏谷教授はそう話す。垂仁記は女性が祭祀を、男性が政治を行う旧政治制度が崩壊した時代を象徴している。

「(殉死は) ヒメの天皇に対する思いの発露かもしれないと私は思います」

黒髪山

奈良市の北部、近鉄奈良駅から約二キロにある奈良阪町周辺の丘陵地。サホビメが兄と共に稲城にこもった際、天皇の元に連れ戻されるのをおそれてそった髪を、埋めたのが地名の由来とされる。鎮座する「黒髪山稲荷神社」や「黒髪橋」にも黒髪の名が残る。

近くには、平城遷都を行った奈良時代の女帝の「元明天皇陵」（奈良市奈良阪町）や、聖武天皇の皇太子の墓とされる「那富山墓」（同市法蓮佐保山）もある。平成十八年に閉園したテーマパーク「奈良ドリームランド」も悲話の伝承地に近接していた。

3 大陸の先進文化を取り込む

〈其《そ》の后《きさき》の白《まを》したまひしまにまに、美知能宇斯王《みちのうしのみこ》の女等《むすめたち》、比婆須比売命《ひばすひめのみこと》、次に弟《おと》比売命、次に歌凝《うたこり》比売命、次に円野《まとの》比売命、并《あは》せて四柱《よはしら》を喚《め》し上げたまふ〉

古事記は、沙本毗古の反逆を平定した十一代垂仁天皇が、兄と運命を共にした后の沙本毗売命の遺言に従って、九代開化《かいか》天皇の孫のミチノウシの娘たちを後宮に迎えたと書く。ミチノウシは、十代崇神《すじん》天皇が全国に派遣した四道将軍《しどうしょうぐん》の一人。丹波（八世紀初頭までは丹後や但馬を含んだ）に派遣された、と日本書紀が記す丹波道主命《たにはのみちぬしのみこと》のことである。

「命が山陰地方平定・開拓のため、出雲の神々を迎え、祭ったのが当社の始まりと伝わっています」

京都府京丹後市の神谷《かみたに》神社の佐治宣幸宮司はそう話す。同神社は、命の神剣を祭っ

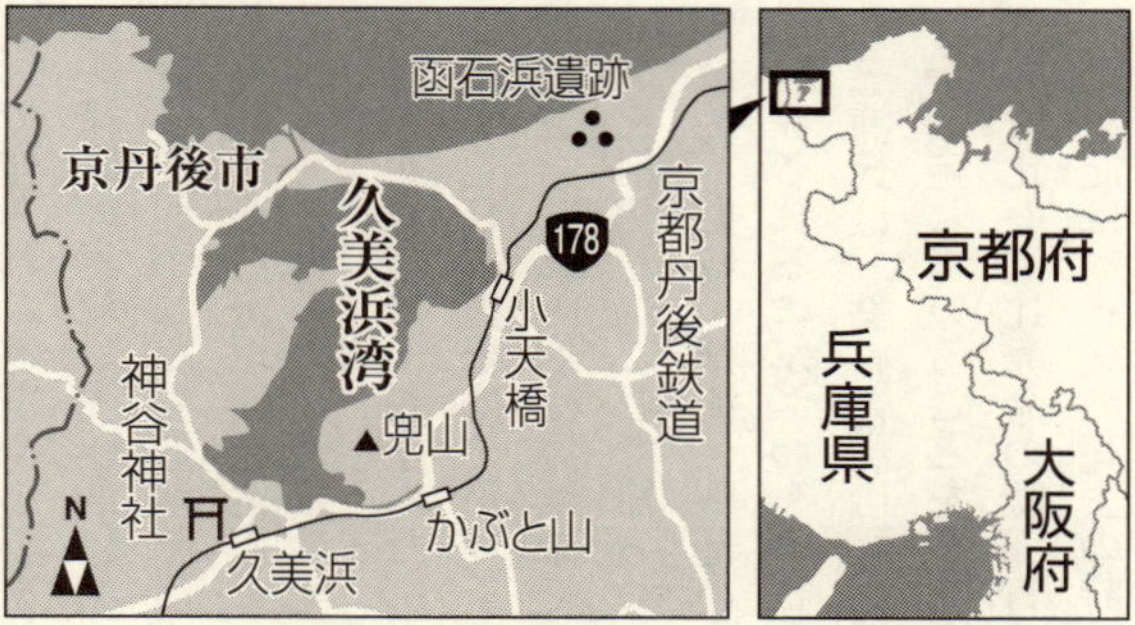

た由来も持ち、地元では「太刀宮《たちのみや》さん」と呼ばれる。社伝によると、命は地元の豪族の娘、河上摩須郎女《かわかみのますのいらつめ》を娶《めと》る。生まれた娘たちが、古事記が書く四人の女性で、長女がヒバスヒメだった。

〈ヒメたちが皇后皇妃に立ったことを、祖父が喜んで造立した〉

同市内で久美浜湾を一望する兜山《かぶとやま》山頂には、江戸時代の『丹後旧事記』がそう伝える熊野神社がある。

「久美浜湾の函石浜《はこいしはま》遺跡では、中国・新時代（八～二三年）の貨幣・貨泉《かせん》など、中国文化流入の窓口だったことを裏付ける遺物が採集されています」

ヒメが皇后に迎えられた背景として、海の彼方の先進文化を取り込んできた地域史に着目するのは、丹後古代の里資料館の元館長、三浦到氏である。丹後地方の弥生時代の墳墓からは、大陸由来の青色ガラスで作られた勾玉《まがたま》や小玉を結んだ首飾り、耳飾りの出土例が群を抜いている。

「絹織物の生産も先駆的に始まっていたと考えられます」

海外に開かれた先進地を治めることに成功した将軍の娘たちだからこそ、大和に迎えられた事情が垣間見える。


古事記は、ヒメが産んだ第二子、大帯日子淤斯呂和気命《おほたらしひこおしろわけのみこと》が十二代景行《けいこう》天皇となったと記す。日本書紀は、第一子は朝廷の神宝の管理を任され、第三子がその役割を継いだと書く。第四子は倭姫命《やまとひめのみこと》で、父・垂仁《すいにん》天皇の命で皇祖神・天照大御神《あまてらすおほみかみ》を奉じて伊勢神宮を創祀《そうし》したことで知られる。

「政治、財政、祭祀《さいし》。朝廷のすべてをつかさどった子供たちの母ですから、巨大古墳に埋葬されるにふさわしいヒメです」

三浦氏は、奈良市の巨大前方後円墳「佐紀陵山《みささぎやま》古墳」をヒメの陵墓として、宮内庁が治定していることを踏まえて、そう話す。

〈大后《おほきさき》比婆須比売命の時、石棺作《いしきつくり》を定め、また土師部《はにしべ》を定む〉

古事記は、ヒメの薨去《こうきょ》の時に初めて、石棺や埴輪《はにわ》を作る部民が定められたと記す。

日本書紀は、陵墓に埴輪が立てられた理由を、悲惨な殉葬を改めるためと書く。偉大な母となったヒメは、朝廷を新たな姿に変えることでも足跡を残している。

古代丹波道のルートは？

ヒバスヒメたちが大和を目指した古代丹波道のルートは、当時（四世紀）の前方後円墳から想定できる。丹後三大古墳の一つ、蛭子《えびす》山古墳（京都府与謝野町）、古墳時代の盤龍《ばんりゅう》鏡が絹織物に包まれていた園部垣内《かいち》古墳（同府南丹市）、桂川など三河川が合流する乙訓《おとくに》地域の寺戸大塚古墳（同府向日《むこう》市）――の付近を通り、木津川を南下して大和に入るルートだ。

それぞれの被葬者はヒメたちの父、ミチノウシと関係が深かったと考えられており、三浦氏は「ヒメたちは、地域の王に守られながら道を上った」と想像する。

4 地名になったヒメの悲劇

〈弟王《おとみこ》二柱は、いたく凶醜《みにく》きに因《よ》り、本《もと》つ主《ぬし》に返し送りたまふ〉

古事記は、十一代垂仁天皇が召した四人のヒメのうち二人が、父の美知能宇斯王《みちのうしのみこ》の元に帰されたと記す。歌凝比売命《うたこりひめのみこと》と円野比売命《まとのひめのみこと》で、天皇に寵愛《ちょうあい》され、十二代景行天皇を産んだ比婆須比売命《ひばすひめのみこと》の妹たちである。

「美醜による選別は当時は受け入れられた感覚。天皇の愛情は偏っているが、不徳だと描かれているわけではありません」

愛知淑徳大の中野謙一准教授はそう話す。古事記には、天孫ニニギノミコトが美しいコノハナノサクヤビメを妻とし、醜い姉のイワナガヒメを帰した記述もある。

「醜い妹を帰すことで景行天皇の母となる長姉の存在を際立たせている。皇位継承（の事情）を書く古事記の基本軸に沿った記述になっていると思います」

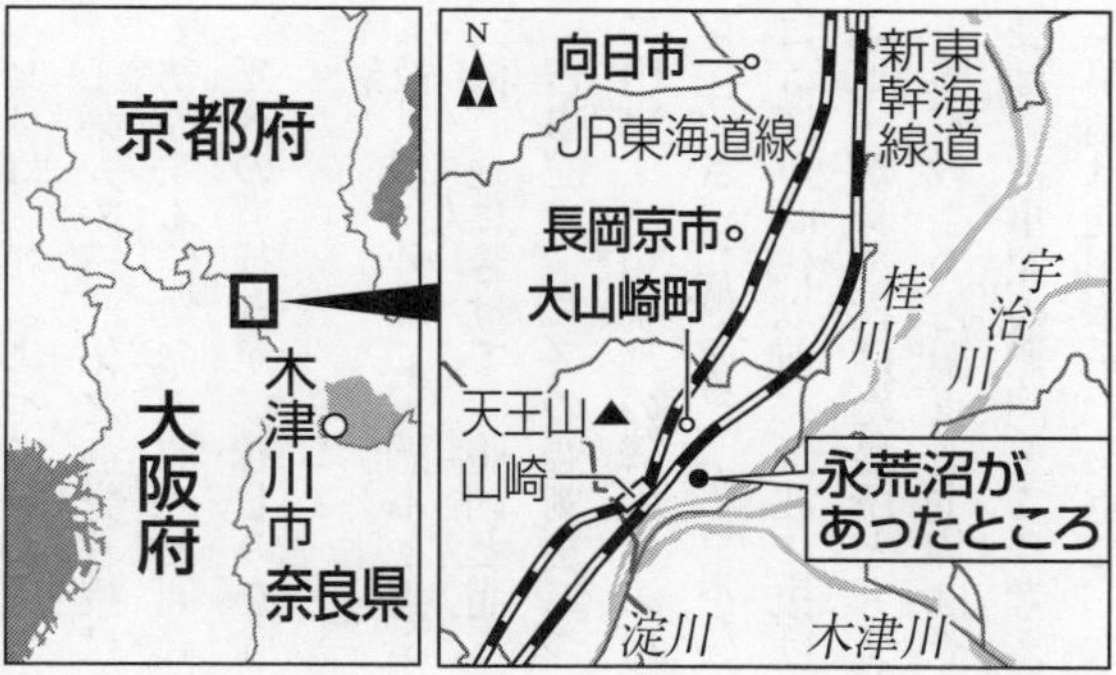

〈「同じ兄弟《えおと》の中に、姿《かたち》醜きを以ち、還《かへ》さゆる事、隣《ちか》き里に聞こえむ。是《こ》れいたく慚《は》づかし」〉

帰されるマトノヒメはそう嘆いた、と古事記は書く。姉と比べられたことを故郷で知られることが、非常に恥ずかしいというのである。そのために帰路、悲愴《ひそう》な決意を固める。

〈山代国の相楽《さがらか》に到りし時に、樹の枝に取り懸《さが》りて、死なむとす〉

〈また弟国《おとくに》に到りし時に、遂に峻《さが》しき淵に堕ちて死にき〉

丹波に至るまでの山代国（現京都府）で、首つりを図り、失敗すると、入水自殺を遂げたのである。

本人にも地方豪族の父にも、帰されることに抵抗する力はない。

「ヒメは、死によってしか汚名をそそぐことはできなかったのでしょう」

千葉大の三浦佑之名誉教授はそう話す。その上で地名を重ねる記述が、死を前にして彷徨《ほうこう》する倭建命《やまとたけるのみこと》の記述と同じ構成だという点に注目する。

「死への道行きが、悲しみを強く誘う形になっています」

〈故其地《かれそこ》に号《なづ》けて、懸木《さがりき》と謂《い》ふ。今は相楽と云ふ〉

〈故其地に号けて、堕国《おちくに》と謂ふ。今弟国と云ふ〉

古事記は、ヒメの悲劇を二つの地名起源として書いている。木で自殺を試みたことに由来する相楽《そうらく》郡の隣の木津川市には、同表記で「さがなか」と読む神社や小学校が存在する。「落ちる」から来た弟国は後世、乙訓《おとくに》郡となって今に残る。同郡大山崎町には江戸時代以前、丹波に抜ける街道脇に永荒沼《えあれぬま》と呼ばれる大きな池があった。

「ヒメが身を投げた場所と考えていいかもしれません」

同町教委の古閑《こが》正浩主幹はそう話す。向日《むこう》市埋蔵文化財センターの梅本康広事務局長は、古事記の意図をこう考えている。

「弟国は淀川水系の拠点で、大和王権にとって極めて重要。意味のある土地だからこそ記されたのだと思います」

古事記は神話から歴代天皇の統治に筆を移し、歴史書としての性格を濃くしていくのである。

日本書紀のマトノヒメ

垂仁天皇の後妻選びについて日本書紀は、丹波の五女を召したが、竹野媛《たかのひめ》だけ帰されたと記す。理由は「形姿醜きに因りて」と古事記と同じだが、竹野媛は「自ら輿《こし》より堕ちて死《みまか》」った。真砥野媛《まとのひめ》は上から三番目の娘で、妃に迎えられている。四人の姉妹を召したとする古事記では、亡くなる后の沙本毗売命が天皇に勧めたのは「兄比売《えひめ》・弟比売《おとひめ》」だった。しかし、「后の白《まを》したまひしままに（申し上げた通りに）」天皇が召したという四姉妹との関係は不明で、複数の伝承が混在したとの見方もある。

5

「英雄伝説」へ舞台整う

〈「此《こ》の国に佳人《かほよきをみな》有り。綺戸辺《かにはたとべ》と曰《まを》す。姿形美麗《うるは》し。山背大国不遅《やましろおほくにのふち》が女《むすめ》なり」〉

十一代垂仁天皇が、最後の后にカニハタトベを迎えるまでの経緯を日本書紀はそう記す。天皇が山背（山城、京都府南部）に行幸した時、側近の者が旅先の豪族に美しい娘がいると奏上したというのだ。

〈「必ず其の佳人に遇《あ》はば、道路《みち》に瑞見《しるしあらは》れよ」〉

天皇は、矛を手に取り、その娘に会うかどうか、神意を聞いた。川の中から出てきた大亀を天皇が矛で刺すと、白い石に変わった。

〈「推《おしはか》るに、必ず験《しるし》有らむか」〉

側近の者が奏上し、天皇はカニハタトベを後宮に迎える——。

「この説話には畿内（古代の首都圏）の一角をなす山城国が、大和王権の領域に加わ

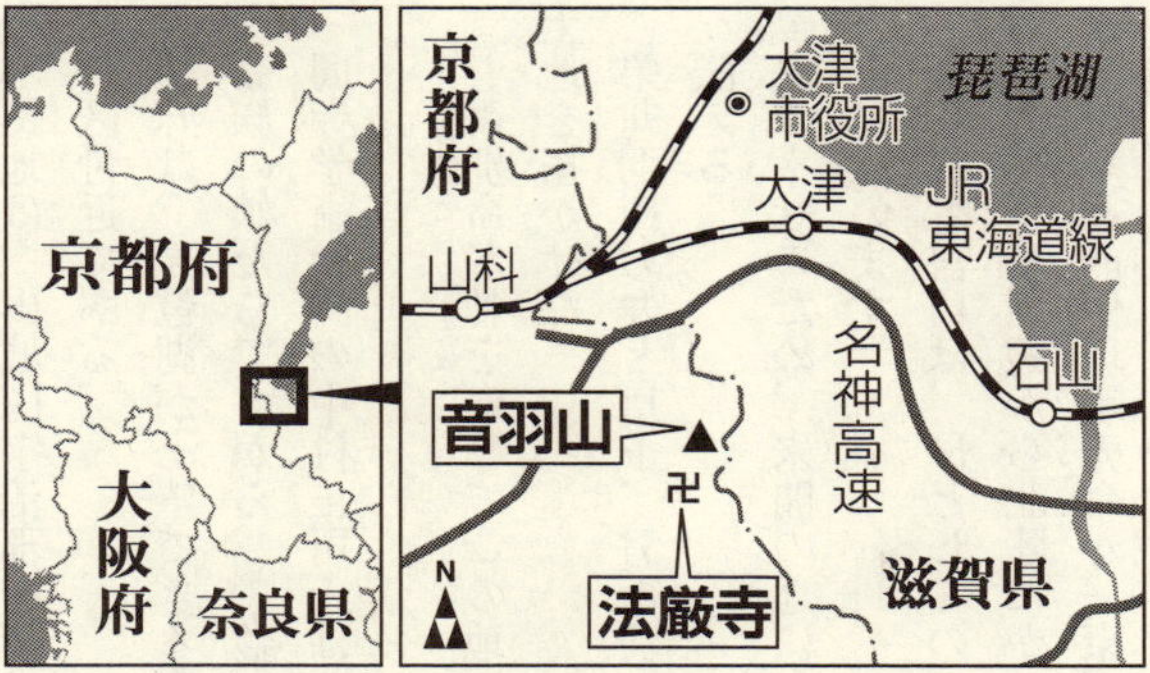

る過程が述べられている」

皇学館大の荊木美行《いばらきよしゆき》教授は、そう指摘する。

「縁起の良い動物である大亀によってめでたさが表現され、山城勢力と婚姻関係を結ぶことが、王権にとっていかに大事であったかを物語っています」

カニハタトべを娶《めと》る前、天皇は「山背の苅幡戸《かりはたと》辺《べ》」を娶ったとも日本書紀は書く。古事記では、苅羽田刀弁《かりはたとべ》と弟《おと》苅羽田刀弁の姉妹が最後の后になっており、カニハタトべは弟苅羽田刀弁と同一で、妹であったことがわかる。

〈垂仁天皇の時代に大國ノ不遅が山上に音羽山権現社を祀られたのが始まり〉

京都市山科区の音羽山に鎮座する法厳寺《ほうごんじ》の縁起にそうある。カニハタトべの父、オホクニノフチの本拠地は、山城国宇治郡を構成した郷の一つ、大国郷と想定される。現在の京都市山科区付近である。

「姉妹は、琵琶湖が一望できる音羽山と山科盆地を拠点に、湖上交易を掌握しただろう豪族の娘たちですから、『姿形美麗し』は豊かさを含んでの印象でしょう」

　同寺学術顧問の中村正司氏はそう話す。

〈磐衝別命《いはつくわけのみこと》が勅《みことのり》を奉じてこの地に下向され、賊を平らげて怪鳥を討ち、民を教化して土地を拓かせた〉

　弟苅羽田刀弁と皇子、磐衝別命を祭る石川県羽咋《はくい》市の羽咋神社は、創建の由来をそう伝える。

「民の幸せのため、未開の地に息子を送り出す覚悟を決めた。心豊かな女傑であったように思います」

　櫻井基生《もとなり》宮司は、母としてのカニハタトベを想像する。皇子によるこうした開拓伝承は、琵琶湖周辺から北陸にかけて点在している。古事記はさらに、弟苅羽田刀弁の娘の布多遅能伊理毘売命《ふたぢのいりびめのみこと》が、東国などを平定した倭建命の妻になったことを記す。

「山城の姉妹の子供たちは、大后《おほきさき》の比婆須比売命《ひばすひめのみこと》の子、十二代景行天皇や孫のヤマトタケルの地方平定事業を支える存在だったのです」

荊木教授はそう話す。垂仁天皇の后や皇子女たちが協力して国造りを行い、ヤマトタケル英雄伝説の舞台は整っていったのである。

開拓者の皇子たち

〈山代の大国之渕《おほくにのふち》の女《むすめ》、苅羽田刀弁に娶《あ》ひて、生みませる御子、落別王《おちわけのみこ》、次に五十日《いか》帯日子王《たらしひこのみこ》、次に伊登志別王《いとしわけのみこ》。また、其の大国之渕の女、弟《おと》苅羽田刀弁の娶ひて、生みませる御子、石衝別王《いはつくわけのみこ》、次に石衝毗売命《いはつくびめのみこと》、またの名は布多遅能伊理毗売命〉

古事記に記された、垂仁天皇と山城姉妹の皇子皇女の系譜である。落別王は滋賀県草津市の小槻神社や同県栗東市の小槻大社、五十日帯日子王は新潟県三条市の五十嵐神社や同県上越市の五十君《いきみ》神社などで、各地方を最初に開拓した祖神として祭られている。

サホビメの足跡を伝える狭岡神社（奈良県奈良市）本文 110 ページ

永荒沼が存在したとされる場所（手前左側）。（左から）桂川、宇治川、木津川が合流する要衝だ（京都府大山崎町）本文 124 ページ

第六章

倭建命

十二代景行《けいこう》天皇の三人の太子《ひつぎのみこ》＝皇位継承権利者の一人。幼名は小碓命《をうすのみこと》。父の命令で十六歳で、熊曽らを退治する西征を行い、続けて東国十二か国を切り従える東征を行った。伊服岐能山《いふきのやま》＝伊吹山の神に敗れて、大和を目前にして非業の死を遂げた。天皇にはならなかったが、十四代仲哀《ちゅうあい》天皇は倭建命の御子で、皇位の血統になった。日本書紀では日本武尊《やまとたけるのみこと》と記される。

1 倭比売《やまとひめ》（上）いつも助けてくれる叔母

〈此《こ》の時に当たりて、其《そ》の御髪を額に結《ゆ》はせり〉

古事記は、日本神話を代表する倭建命《やまとたけるのみこと》（日本書紀では日本武尊）が父の十二代景行《けいこう》天皇に命じられ、熊曽《くまそ》を討つ西征に向かった時、まだ十五、十六歳の髪形をした少年だったと記す。そしてこう続ける。

〈其の姨倭比売《をばやまとひめ》の御衣《みそ》・御裳《みも》を給はりて、釼《つるぎ》を御懐に納れて幸行《い》でましき〉

叔母のヤマトヒメのもとを訪れ、衣装を頂戴して出発したというのである。この衣装は、童女になりすまし、熊曽の首領を討つのに役立った。

ヤマトヒメは、甥《おい》が東征する際には草那芸釼《くさなぎのたち》と御嚢《みふくろ》を授けた。御嚢には火打ち石が入っていて、ヤマトタケルが相武国《さがむのくに》（相模＝現神奈川県）で火攻めに遭った際、迎え火を付けて危地《きち》を逃れることを可能にした。

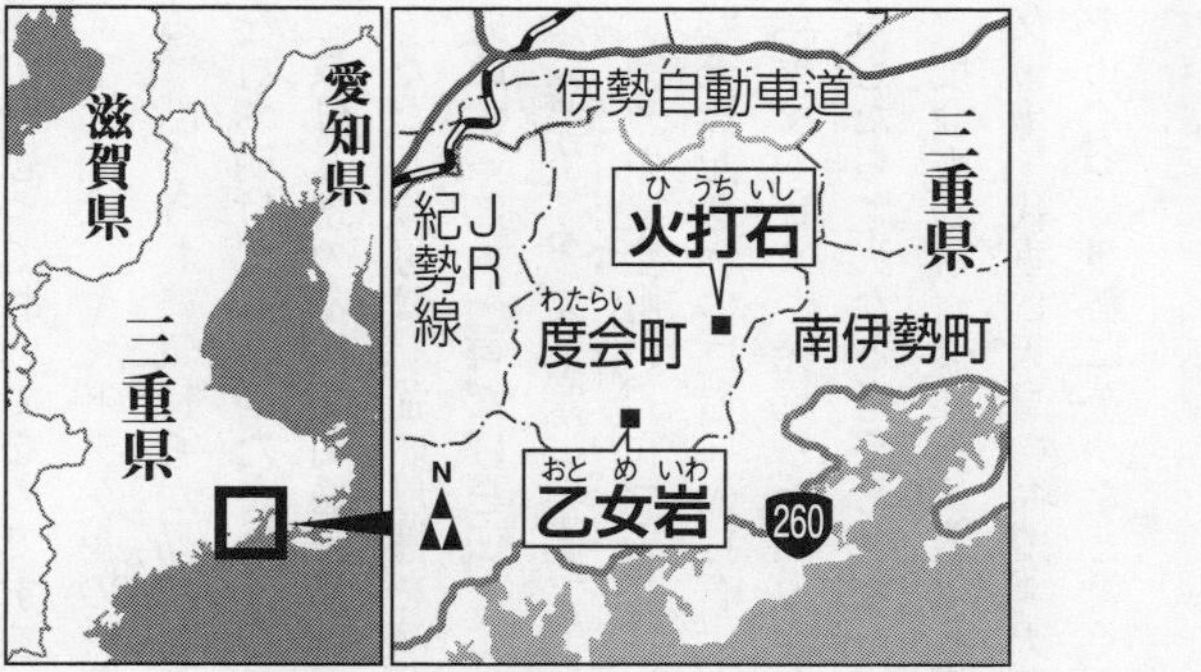

「いつも戦に行く前、ヒメは助けてくれる。力を与えてくれる大きな存在だったのです」

大阪市立大の毛利正守名誉教授はそう話す。

少年のヤマトタケルにとってヤマトヒメは、父に言えない弱音や愚痴をこぼせる相手だった。古事記は、西征を遂げて凱旋《がいせん》した直後に東征を命じられたヤマトタケルが、ヒメのもとでこぼした言葉を詳述する。

〈「天皇既に吾《あれ》の死ぬことを思ほす所以《ゆゑ》か、何ぞ（天皇がもはや私に死ねと思っていらっしゃるのはなぜでしょうか）」〉

さらに、休養も軍勢も与えず、東方の広範囲の平定を命じられたと嘆き、愚痴を繰り返す。

「此れに因《よ》りて思惟《おも》ふになほ吾の既に死ぬことを思ほし看《め》すぞ（このことから考えて私を死んでし

まえと思っておいでなのです）」

毛利氏は、ヤマトタケルの言葉が父への不信から断定に変わっていくことに注目する。話すうちに気持ちが昂《たか》ぶったのは、ヤマトヒメの中に母性も見て、思わず心の内を打ち明けてしまったという指摘である。

「叔母と甥の密接な関係を見る気がします」

ただし叔母は、強い母性を演じた。嘆き泣くヤマトタケルに釼などを与えただけで慰めず、この一言だけを伝える。

〈「急《には》かなる（危急の）事有らば、茲《こ》の嚢《ふくろ》の口を解きたまへ」〉

三重県度会《わたらい》町に、ヤマトヒメにまつわる伝承が残る「火打石」という地名があり、県天然記念物の巨岩「火打石」もある。

「ヤマトヒメが発見した伝説もあります。ヤマトタケルに渡した火打ち石は、度会からもたらされたと考えられないでしょうか」

度会町地域資源を守る会の橋本丈男会長はそう話す。日本書紀は、ヤマトヒメが父・十一代垂仁《すいにん》天皇の命で、天照大（御）神を鎮める地を探して大和から近江、美濃をめぐって伊勢に至ったと書く。旅が危険を伴う時代で、ヒメはヤマトタケルの先人でもある。

「東へ征《い》くことは、太陽に向かって進むことで、そこには畏《おそ》れもある。草那芸釼は天《あめの》叢雲剣《むらくものつるぎ》ともいい、雲気を起こして太陽の力を弱めてくれることを期待した。ヤマトタケルはその霊力も求めて、ヤマトヒメを訪ねたのでしょう」

皇学館大の岡田登名誉教授は、ヒメが頼られた理由を多角的に見ている。

度会町の倭比売伝説

度会町は、伊勢神宮の内宮摂社の久具都《くぐつ》比賣《ひめ》神社や、社殿の屋根を葺《ふ》く萱《かや》の生産地である御萱場《おかやば》があり、伊勢神宮と関わりが深い。ヤマトヒメが天照大（御）神の鎮座地を求めて巡幸した際、立ち寄った伝承地も点在する。

町を流れる一之瀬川上流右岸の尾根の中腹には、高さ三六メートルで頂上部分が五メートル四方の巨石「乙女岩」があり、ヤマトヒメが大神の休息地としたと伝わる。

皇学館大の岡田氏は町に残る伝承について「近世以降、伊勢信仰の隆盛と相まって語り継がれたものでしょう」と推測している。

2 倭比売（下）

国固めの重責 果たした旅

〈倭比売命《やまとひめのみこと》は、伊勢の大神の宮を拝き祭る《いつ》〉

古事記は、十一代垂仁天皇の段で初めてヤマトヒメを登場させ、そう記す。日本書紀はさらに詳しく、伊勢に至る道筋を書いている。

〈菟田《うだ》の筱幡《ささはた》に詣《いた》り、更に還りて近江国に入り、東美濃《ひむがしのかた》を廻り、伊勢国に至る〉

ヒメの旅は伊勢の大神、つまり天照大御神の鎮座する地を求めよという父・垂仁天皇の命によるものだった。

「前代の崇神《すじん》天皇の時代に天候不順があり、疫病もはやった。天照大御神の力を増すためにも太陽の生まれるところ、大和の東に遷《うつ》そうとしたのでしょう。大和を発《た》った時から伊勢は、ヒメの念頭にあったと思います」

皇学館大の岡田登名誉教授はそう話す。

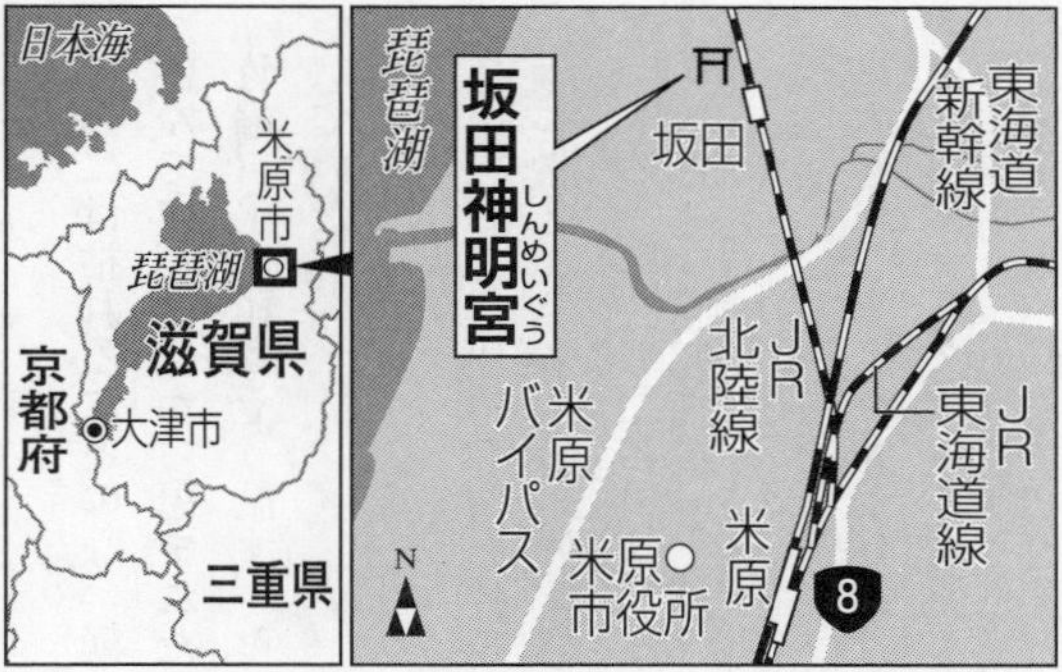

日本書紀が書く菟田は、現在の奈良県宇陀郡。そこからまっすぐ東に向かわず近江、美濃と廻った理由について、岡田氏はこう推測する。

「神武東征を連想させます。真っ向から太陽に向かって東に進むのではなく、巡って南下することを選んだのでは」

初代神武天皇が日向から大和に入ろうとした際、東に陣取った豪族ナガスネビコに遮られ、兄の五瀬命《いっせのみこと》が戦死した故事を忌み嫌ったという見方である。

近江では坂田宮に坐《いま》したとされ、滋賀県米原市にある坂田神明宮《しんめいぐう》がその地と伝わる。ヤマトヒメを土地の豪族と里人がもてなし、二年間、天照大御神を奉斎したという。境内の南に広がる水田で刈り取られた米は今も毎年、伊勢神宮に奉納されている。

「境内には枯れることのない湧き水がある。周辺も水位が高く、水が豊かなので稲作が盛んです。古代から恵まれた土地だったのでしょう」

竹端自子《よりこ》宮司はそう話す。ヤマトヒメは甥の倭建命に先だって、国固めの重責を果たしていた。

〈道を枉《ま》げて、伊勢神宮を拝みたまふ〉

日本書紀は、ヤマトタケルが東征する際、わざわざ寄り道をして伊勢神宮を参拝し、ヤマトヒメに会ったと書く。ヒメは甥を激励した。

〈倭姫命、草薙剣《くさなぎのつるぎ》を取りて、日本武尊に授けて曰《のたま》はく、「慎みてな怠りそ（慎んで怠るな）」とのたまふ〉

日本書紀が書くヤマトヒメは、古事記以上に甥を励ます母性を見せる。日本書紀はさらに、ヤマトタケルが東征からの帰り、征服した蝦夷から俘《とりこ》をヒメに献上したと書く。

「東征前に勝利を願い、加護を祈って立ち寄った伊勢神宮に、お礼参りをしたのでしょう。成功の報告として蝦夷の人を連れ帰り、天照大御神と叔母にお示しした」

岡田氏は、ヤマトタケルの心境をそう推測する。ただ、その時はすでに、ヤマトタケルは伊吹山の山神に敗れ、能褒野《のぼの》（伊勢・鈴鹿）で激しい痛みに耐えている頃で、献上は叔母への最後の報告になった。

『倭姫命世記』

鎌倉時代に成立したとされる神道五部書の一つ。日本書紀などを引用しながら天地開闢《かいびゃく》から天孫降臨、神武東征も書くが、ヤマトヒメの事跡を中心にまとめた一代記になっている。

日本書紀や伊勢神宮の神道書『皇太神宮儀式帳』にも記載のない巡幸地、宮の名前も詳しく挙げている。天照大御神を五十鈴《いすず》川《がわ》の川上に鎮座させるまでの巡幸を描いた後は、神宮外宮鎮座に至り、斎宮の設置や、修祓《しゅばつ》法の制定まで神宮の整備をヤマトヒメの業績として述べている。また、伊勢神道の教義も説いている。

3 針間《はりま》の伊那毗《いなび》 大和と吉備 同盟の証し

〈生みませる御子、櫛角別王《くしつのわけのみこ》、次に大碓命《おほうすのみこと》、次に小碓命《をうすのみこと》〉

古事記は十二代景行天皇の后の針間の伊那毗能大郎女《いなびのおほいらつめ》が、三人目に小碓命（倭建命）を産んだと記す。イナビの父、若建吉備津日子《わかたけきびつひこ》は兄と一緒に今の兵庫県加古川市を拠点に「吉備国を言向《ことむ》け和《やは》（平定）」した人物だ。

播磨国風土記によると、イナビの母は吉備比売《きびひめ》。父は七代孝霊《こうれい》天皇の御子だが、吉備の女性を妻に迎えたことで、「吉備臣等《きびのおみら》が祖《おや》」とされるようになったとみられる。イナビには吉備の色が濃い。

宮内庁は、加古川市にある前方後円墳、日岡《ひおか》陵古墳をイナビの墓としている。イナビが播磨で生涯を過ごしたことを推測させ、大和で成長したヤマトタケルとの母子関係の希薄さを想像させる。

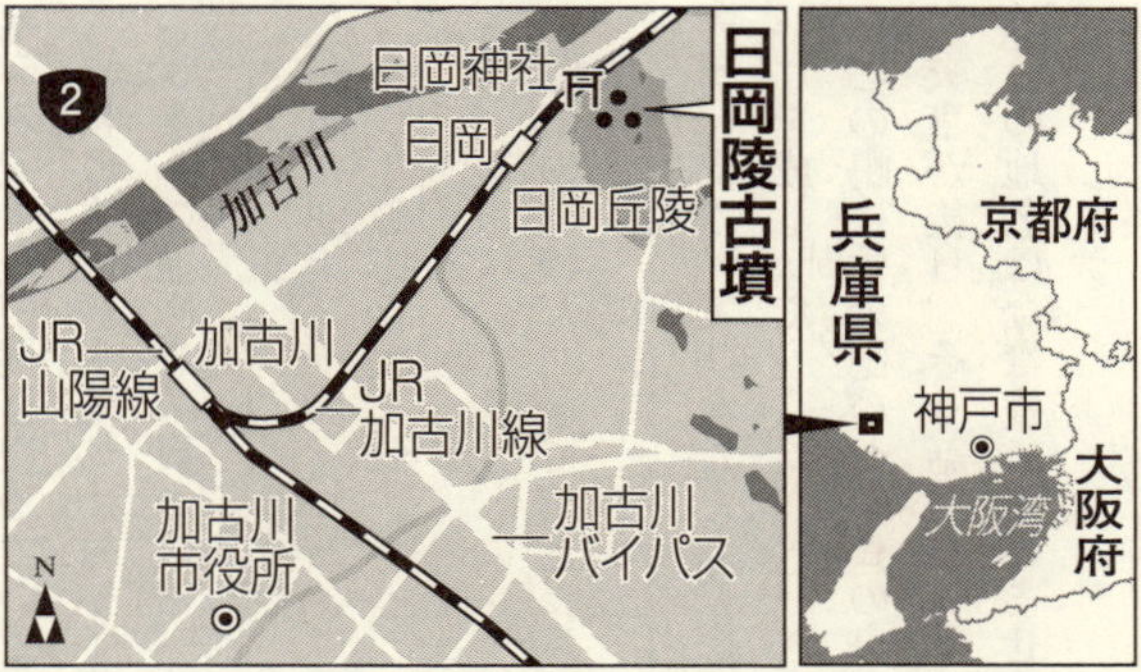

「イナビは大和と吉備の同盟の証しといえるのではないでしょうか」

陵に近くイナビの出産に因《ちな》んで安産の信仰を集める日岡神社の関口洋介権禰宜《ごんねぎ》はそう話す。

〈是《ここ》に天皇、其《そ》の御子の建《たけ》く荒き情《こころ》を惶《おそ》りて〉

古事記は、景行天皇がヤマトタケルに西征を命じた理由をそう書く。自分の指示を誤解して兄の大碓命を殺してしまった荒々しさを恐れ、遠ざけたというのである。

しかし、遠征先は熊曽が勢力を張る南九州や、その帰路の出雲などである。祖父ワカタケキビツヒコや母イナビの系譜が、ここでヤマトタケルの使命に直結する。

「吉備勢力の血筋を引く御子が、さらに遠い国々を従えに向かう。これはヤマトタケルが西征軍を率いる大きな根拠となっています」

島根県立大短大部の山村桃子講師はそう説明し、大和政権による一連の西征にヤマトタケルの血脈を位置づける。

〈印南《いなみ》の別嬢《わきいらつめ》〉

播磨国風土記は、イナビをそう呼び、天皇との仲むつまじさを感じさせる地名起源を多く記す。

〈印南の別嬢、聞きて驚き畏《かしこ》み、すなはち南毗都麻《なびつま》の嶋に遁《に》げ渡りき〉

イナビは、求婚に来た天皇に最初は驚き、隠れたという。しかし、イナビの飼い犬が海に向かって吠《ほ》えたために居場所が知れ、その後二人は「始めて密事《むつびごと》（秘《ひそ》かな語らい）を成し」た。

「この嶋に愛妻隠《はしづまな》びつ（この島に愛《いと》しい妻が隠れていたのだ）」

天皇が後日、そう話したことで「南毗都麻」という地名が生まれた。

「この地名は今は残っていませんが、市街となっている所にあった大きな砂州のような島でしょう」

加古川市教委文化財調査研究センターの宮本佳典副所長はそう話す。

イナビが亡くなった際、亡骸《なきがら》が川に落ちて発見できなかったため、天皇は悲しみ、「この川の物を食はじ」と誓ったという。
ヤマトタケルの母は、天皇に深く愛された女性だったことは間違いない。

日岡陵古墳（褶墓《ひれはか》）

標高約六〇メートルの日岡丘陵の頂部をなす古墳で、「褶墓」とも呼ばれる。播磨国風土記によると、イナビの亡骸を乗せた舟が加古川を渡る際、大きなつむじ風にあって遺骸は川に落ち、行方がわからなくなった。そのため、発見できた化粧道具を入れる小箱と、首にかける薄布製の装身具「ひれ」を納めたことが由来だ。

古墳築造は四世紀代とされ、これを含む五基の前方後円墳を中心とする古墳群のなかで最も古いとみられている。明治十六年に景行天皇の后、播磨稲日大郎姫《いなびのおほいらつめ》（日本書紀の呼称）の陵と定められた。

4 弟橘比売《おとたちばなひめ》 窮地救うため海に消える

〈走水《はしりみづ》の海を渡る時に、其の渡《わたり》の神、浪を興《おこ》し、船を廻《めぐ》らし、え進み渡らず〉

古事記は、東征途中の倭建命の試練をそう記す。走水の海は東京湾浦賀水道の海峡。潮の干満による海流が、太平洋と湾内を行き来する難所だ。

「対岸までは一〇キロ足らずですが、海流を横切るため直線的に航行することができず、漕《こ》ぎ手十二人のカッターボートでは五～六時間を要する。古代の船だと十時間はかかったでしょう。記述から、航行中に低気圧の前線が接近し、激しいうねりに巻き込まれた可能性が考えられる」

海上自衛隊第一術科学校の元航海科教官で古代の軍船に詳しい松枝正根氏は、防衛大生時代には許されていた横断経験を踏まえ、ヤマトタケルの苦難を想像する。

〈「妾《やつこ》、御子《みこ》に易《か》はりて海の中に入らむ」〉

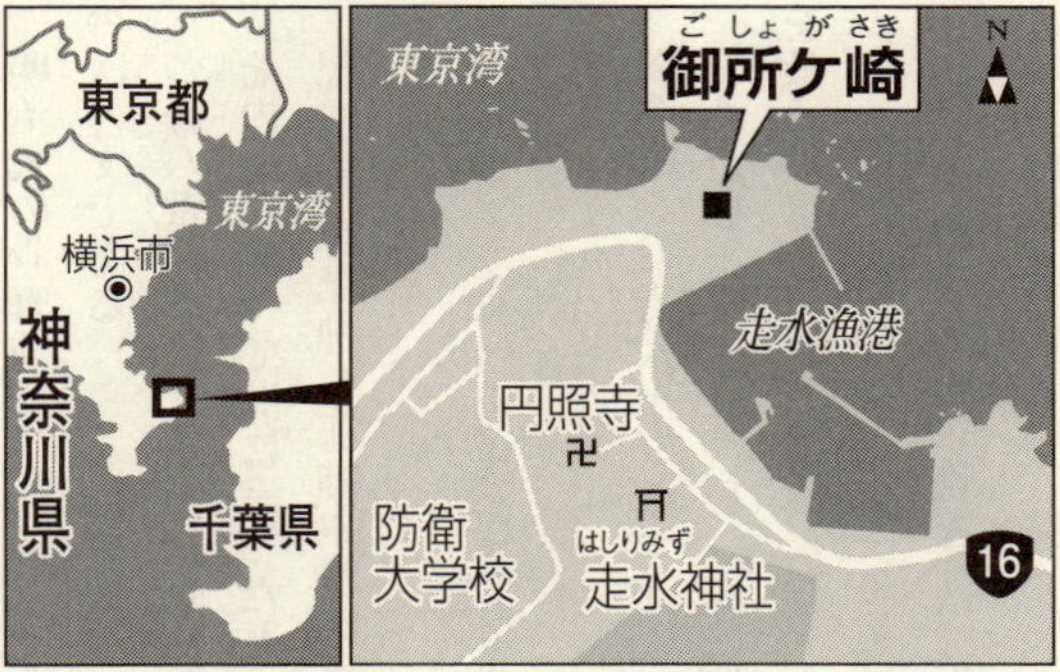

ヤマトタケルを海にのみ込もうとする渡の神(日本書紀では海神《わたつみ》)を鎮めるため、身代わりを申し出たのは后の弟橘比売命《おとたちばなひめのみこと》である。ヒメが海中に入ると、暴《あら》き浪がおのずから伏した、と古事記は書く。

ヤマトタケルの出航地と伝承される神奈川県横須賀市走水の御所ケ《ごしょが》崎《さき》。この沖で文政五(一八二二)年、高さ四八センチの銅鐘《どうしょう》が漁網《ぎょもう》にかかった。内部に封入された経典《きょうてん》からわかった制作期は鎌倉時代の元徳二(一三三〇)年。経典の末尾には「龍宮城に奉納す」と書かれていた。

「走水の海中に龍宮城があるという信仰があったことがわかる。オトタチバナヒメは、龍宮城として後に信じられる海神国に帰っていったと考えることができる」

明治大の堂野前彰子講師はそう話す。ヒメと海神国の関係を示唆するのは、古事記の次の文である。

〈菅畳八重《すがだたみやへ》・皮畳《かはだたみ》八重・絁畳《きぬだたみ》八重を以《も》ち波の上に敷きて〉

その上に座って海に没したという記述は、古事記の「海佐知と山佐知」の段（日向三代）、綿津見神《わたつみのかみ》（海神）が天孫ニニギノミコトの子、ヤマサチビコを歓待する場面と酷似する。

〈みち（アシカ）の皮の畳八重を敷き、また畳八重を其の上に敷き、其の上に坐《いま》せて〉

歓待の末にヤマサチビコと結ばれ、海辺の産殿《うぶや》で鵜葺草葺不合命《うかやふきあへずのみこと》（神武天皇の父）を産んだ豊玉毗売《とよたまびめ》は再び、海に帰る。オトタチバナヒメもまた、ヤマトタケルの窮地を救う役目を果たして海に帰った、と堂野前氏は指摘する。

〈「御子は遣《つか》はさえし政《まつりごと》遂げ、覆奏《かへりごとまを》すべし（命じられた任務を成し遂げ、天皇に報告なさいませ）」〉

そう言い残して海に消えたヒメの安否を、ヤマトタケルは七日間気遣った。流れ着いたヒメの櫛《くし》を取り上げ、御陵を造って納めたのは、その後だったと古事記は書く。

「本来は海の神に仕えるヒメが人と結ばれたために、悲劇的な死が用意された。決別の運命を知りながら、ヒメはヤマトタケルの東征を支えたのです」

堂野前氏はそう話す。

御所ケ崎

走水《はしりみづ》漁港から東京湾に突き出した小さな岬。ヤマトタケルが仮の御所を設け、軍旗を立てた伝承が名の由来で、「旗山崎」とも呼ばれる。岬の先端には、ヤマトタケルが船に乗ったという「皇島《すめらぎじま》」や、オトタチバナヒメを追って侍女たちが身を投げたという「姥島《うばじま》」と呼ばれる岩礁がある。銅鐘は近くの円照寺に伝わる。

東京湾が最も狭まる場所のため、江戸幕府は寛永九（一六三二）年、走水奉行の番所を設けて船舶の関所にした。明治十八（一八八五）年には東京湾防備の軍用地となり、ヒメを祭る橘神社が走水神社に移された。

5 美夜受比売《みやずひめ》 貫いた尾張と都の橋渡し

〈御合《みあひ》して、其《そ》の御刀《みはかし》の草那芸劒を、其の美夜受比売《みやずひめ》の許《もと》に置きて〉

古事記は、東征に成功して尾張国まで帰還した倭建命の行動をそう記す。叔母の倭比売から賜り、多くの危機を救ってくれた劒を結ばれたばかりのヒメのもとに置き、伊服岐能山《いふきのやま》（伊吹山）の神の征伐に向かったのだ。

ヒメは、古事記が「尾張の国造《くにのみやつこ》が祖《おや》」と書く女性である。ヤマトタケルは、東征の旅立ちに際してヒメの家に立ち寄った。

〈また還り上らむ時に婚《ま》かむと思ほし、期《ちぎ》り定めて、東の国に幸《い》でまし〉

ヤマトタケルは、東征に成功したらヒメを后にしようと約束した、と古事記は記す。

「その時、ヒメの父、乎止與命《おとよのみこと》は息子を援軍に出すなどヤマトタケルに全面協力した。中央政権と関係を深めたい父が、この婚約も勧めたのだと思います」

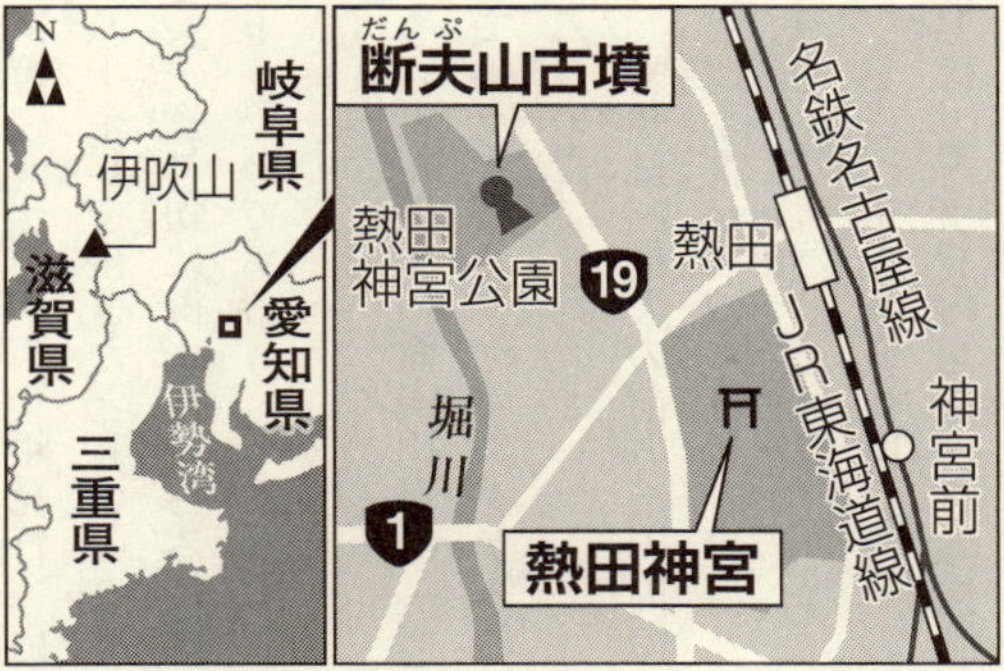

草那芸剱（草薙神剣）をご神体とする熱田神宮（名古屋市熱田区）の熱田文庫文化研究員、野村辰美氏はそう話す。

熱田神宮の縁起を書いた『尾張国熱田太神宮縁起』は、ヤマトタケルが伊服岐能山に向かう直前の言葉を書いている。

〈「我京華《みやこ》に帰りて必ず汝が身を迎えむ」〉

〈「此《こ》の剣を宝として持ち我が床の守りと為せ」〉

都に凱旋《がいせん》したら必ず迎えに来るとヒメに約束し、それまで草那芸剱を護持せよという言葉は、深い愛情を感じさせる。

「ヒメの気持ちを伝える史料はないが、ヤマトタケルの死後も再嫁せず、草那芸剱を守り続けたことでヒメの愛情がうかがえる気がします」

野村氏はそう話す。同文庫所蔵の『婦徳の鑑《かがみ》宮簀媛《みやずひめ》』（昭和十三年発行）には、ヒメの結婚生活は一カ月余り、夫を失った後、八十余年を生きたとして、こう書いている。

〈一意神釼《いちいかみのたち》に御奉仕せらるる淋しくも、また清らかな、そして雄々しい御生涯に入り玉うたのである〉


六世紀前半の断夫《だんぷ》山古墳（同）は、壇風《だんぷう》山、姉《あね》山などの名称もあるが、地元では「断夫山」と書く。ヤマトタケルの死後、独り身を通したミヤズヒメの墓と信じられているためだ。

「愛知県内最大の前方後円墳で、考古学的には二十六代継体《けいたい》天皇擁立にかかわった尾張連草香《むらじくさか》か、娘の目子媛《めのこひめ》の墓というのが有力。しかし、ミヤズヒメの墓とする伝承も根強いです」

名古屋市教委文化財保護室の深谷淳主査はそう話す。ヒメが尾張で生涯を終えたことは、古事記の記述からも推測できる。

〈倭に坐《いま》す后等《きさきたち》と御子等もろもろ下り到りて、御陵を作り、其地《そこ》のなづき田に匍匐《はらば》ひ廻《めぐ》りて哭《な》く〉

ヤマトタケルの妻子は全員、亡くなった場所に来て弔い、嘆き悲しんだが、そこにヒメの名はない。

「尾張にいて、都とのつながりを維持するのがヒメの役割だったのでしょう。一族のために生きたヒメでもあったと思います」

野村氏はそう話す。

倭建命の最期

巨大な白い猪となって現れた伊服岐能山の神を、山の神の下僕だと侮辱したため、激しく雹《ひょう》を降らされ、ヤマトタケルは意識もうろうとなって肉体も衰えていく。故郷の大和をめざすが、鈴鹿を越えれば大和という能煩野《のぼの》まで来て死期を悟る。

〈倭は　国のまほろば　たたなづく　青垣　山隠《ごも》れる　倭し　麗し〉

有名なこの歌のほか三首を歌ってから絶命。都から駆け付けた妻子の弔いを受けるなか、魂は白い鳥になって陵を飛び立ち、河内の志幾《しき》に飛来する。この地に造られたのが白鳥御陵とされている。

浦賀水道に面した御所ケ崎。ヤマトタケルの出航地と伝承される。この沖で銅鐘が発見され、内部の経典に「龍宮城に奉納す」とあった（神奈川県横須賀市）本文 145 ページ

第七章

十四代仲哀天皇

倭建命の子。倭建命は十二代景行《けいこう》天皇の三人の太子《ひつぎのみこ》＝皇位継承権利者＝の一人だったが、東征の途中で亡くなり、十三代天皇（成務《せいむ》）には倭建命の異母弟が就いた。しかし成務は子を設けることなく崩御。景行天皇の孫として皇位に就いた。熊曽（襲）征討のために九州遠征中、神の宣託を信じなかったために悲劇的な最期を遂げた。

1 布多遅能伊理毗売命《ふたぢのいりびめのみこと》 功績が示す強壮な性格

〈帯中日子天皇《たらしなかつひこのすめらみこと》、穴門《あなと》の豊浦宮《とよらのみや》と筑紫の訶志比宮《かしひのみや》に坐《いま》して、天の下治《し》らしめしき〉

古事記は、倭建命《やまとたけるのみこと》の御子が十四代仲哀《ちゅうあい》天皇として即位したことを書く。ヤマトタケルの異母弟で、仲哀天皇にとっては叔父である十三代成務《せいむ》天皇が崩御し、皇統を継ぐことになったのだ。

もともと、十二代景行《けいこう》天皇には三人の太子《ひつぎのみこ》（皇太子）がいた。ヤマトタケルと成務天皇になる若帯日子命《わかたらしひこのみこと》、そしてその同母弟、五百木之入日子命《いほきのいりひこのみこと》である。この三人が娶《めと》った妻の中で最も高貴な血筋は、ヤマトタケルの妃になった布多遅能伊理毗売命《ふたぢのいりびめのみこと》だった。十一代垂仁《すいにん》天皇の女《むすめ》で、ヤマトタケルにとっては叔母に当たる。このことから関西大の若井敏明非常勤講師はこう推測する。

「景行天皇の三人の皇太子で継承順位が一位だったのは、成務天皇ではなく、実はヤマトタケルだったのではないか。ところが、ヤマトタケルが東征で早世したため、ワカタラシヒコが即位した。その天皇が崩御した後、ヤマトタケルの血統に皇位が返り、タラシナカツヒコに白羽の矢が立つのは、母の血統から見て必然でしょう」

古事記は、フタヂノイリビメの母は弟苅羽田刀弁《おとかりはたとべ》と書く。山代の大国之淵《おほくにのふち》の女だった。

「大国之渕は、今の京都府南部、木津川市山城町あたりにいた政治集団で、当時の大和政権を支えた豪族の一つと考えられる。フタヂノイリビメはこの有力な一族ともつながりを持つヒメだった」

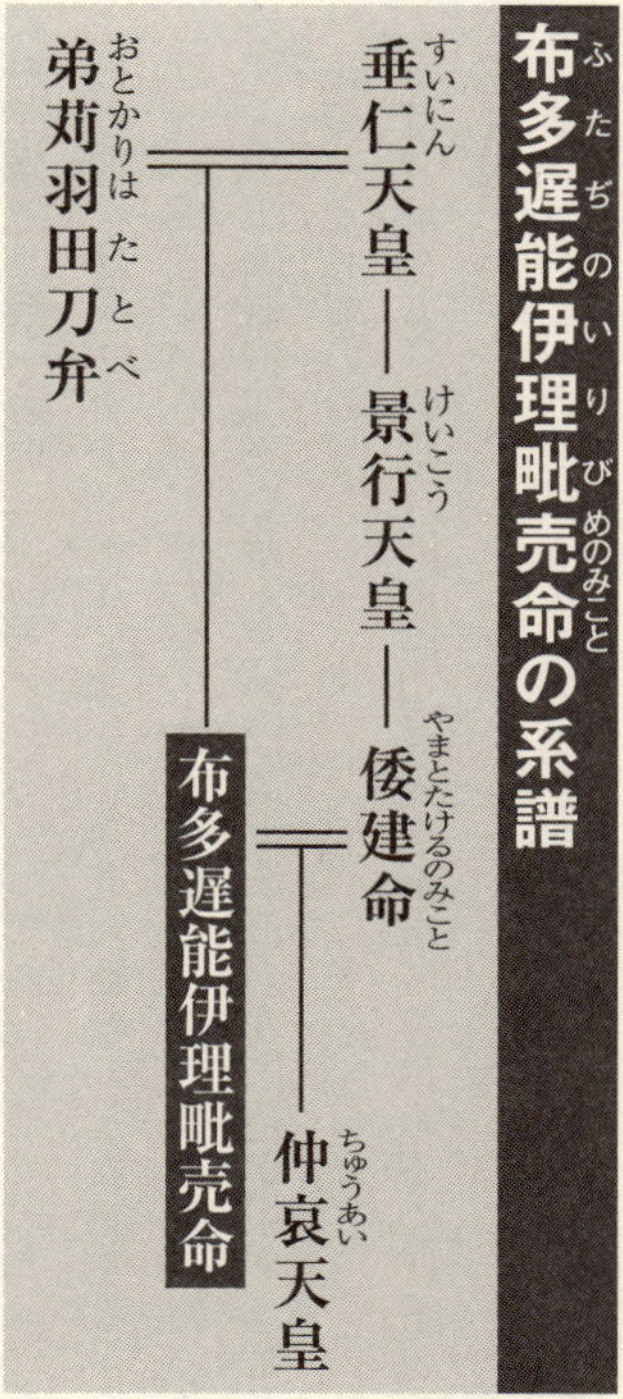

皇学館大の荊《いば》

木《らき》美行《よしゆき》教授はそう話す。

日本書紀は、フタヂノイリビメを「両道入姫命」と表記する。垂仁天皇の娘であることは一致しているが、産んだ子に稲依別王《いなよりわけのみこ》らの名前を挙げている点が古事記と異なる。古事記は稲依別王を産んだのは〈近淡海《ちかつあふみ》の安国造《やすのくにのみやつこ》が祖、意富多牟和気《おほたむわけ》が女、布多《ふた》遅比売《ぢひめ》〉としている。

安は、現在の滋賀県野洲市周辺。琵琶湖水域を治めるのに重要な地域で、大和政権が重要視した。

「二人のヒメはいずれも大和政権と関わりの深い一族の娘ということで、古事記と日本書紀で混乱が生じた可能性はある」と荊木教授は指摘する。その重要なヒメを二人とも妻にしていたことでも、ヤマトタケルの立場がわかる。

仲哀天皇の事績について古事記は多くを語らない。新羅《しらき》親征の神託を信じなかったために急逝し、代わって親征した太后《おほきさき》、息長帯日売命《おきながたらしひめのみこと》（神功《じんぐう》皇后）の活躍に筆を費やす。しかし、日本書紀は、天皇は熊襲《くまそ》征討のために西へ軍を進め、従わない諸豪族を降伏させた功績を書き残している。

「ヤマトタケルから受け継いだ強壮な性格は、こういった事績に表れているのではないか。北部九州沿岸の豪族の帰順を促したことが、その後の神功皇后の功績の地ならしになった」

若井氏はそう指摘する。ヤマトタケルの「国固め」の功績は、その妻と子によって後世に引き継がれるものになったのである。

大鳥大社

ヤマトタケルをご祭神とする大阪府堺市西区にある神社で、延喜式に記載されている式内社。四社ある摂社のうち境外摂社の三社はいずれも、ご祭神はヤマトタケルの妻たちで、大鳥羽衣濱神社（大阪府高石市）は両道入媛命《フタヂノイリビメノミコト》を祭っている。

ヤマトタケルは死後、白鳥《しろとり》となって河内の旧市邑《ふるいちのむら》、現在の古市古墳群の地に舞い降りたと日本書紀に残るが、大鳥大社の由緒では、その後、再び舞い降りた場所が同神社の場所とされている。中世は防災雨祈《うき》の祈願社として知られた。

2

神功皇后(上) 夫思い 新羅親征を決意

〈神の命《みこと》を請《こ》ふ〉

古事記は、十四代仲哀天皇が、九州南部に割拠する熊曽《くまそ》討伐に際し、拠点とした筑紫の訶志比宮《かしひのみや》(現在の香《か》椎宮《しいぐう》、福岡市東区)で神託を求めたと書く。呪具である琴を自ら奏で、神憑《かみがか》りをする妻、神功皇后(息長帯日売命)を通じ、神の言葉を聞こうとしたのだ。

〈「西の方《かた》に国有《あ》り。金《くがね》・銀《しろがね》を本《もと》と為《し》、目の炎耀《かかや》く種々《くさぐさ》の珍《めづら》しき宝、多《さは》に其《そ》の国に有り。吾《あれ》今其の国を帰《よ》せ賜《たま》はむ」〉

宝の国を授けようという予想外の神託に天皇は「西には大海があるだけです」と答え、偽りを言う神だと考えて琴を押しやり、沈黙した。

〈「茲《こ》の天《あめ》の下《した》は、汝《いまし》の知らすべき国に非ず。汝は一道《ひとみち》に向かひたまへ」〉

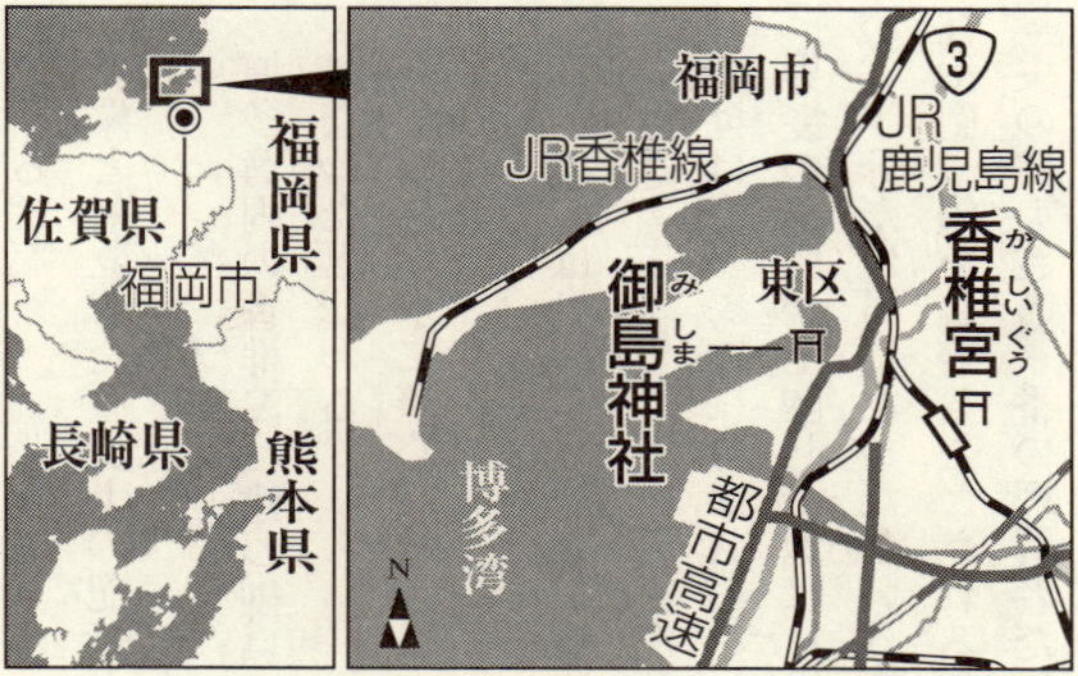

神は怒り、仲哀天皇による統治に異を唱え、黄泉路《よみじ》行きを宣告した。臣下らが異変に気づいた時には天皇はすでに崩御していた。残された皇后は神の言葉通り、宝の国とされた新羅への親征を決意する。

「神託は、大和の人たちが認識する天下が海外にまで広がったことを反映しています。日本の国際化への重要な転換点といえます」

福岡女学院大の吉田修作教授はそう指摘する。吉田氏によると、この伝承は、記紀編纂《へんさん》以前の日本と朝鮮半島の情勢が背景となっている。六〜七世紀前半の大和王権は任那《みまな》、百済《くだら》と組んで新羅と敵対していた。任那、百済の滅亡後は新羅と交流を進め、七世紀後半には新羅の使者が金銀や絹、馬、仏像などを献じてきたことが日本書紀に記されている。

「新羅と対立した歴史上の記憶が、実際に金銀財宝や文化、技術をもたらした朝鮮半島のイメージと相まって、伝承が形成されていったと考えられます」

博多湾内の香椎潟に建つ御島《みしま》神社（福岡市東区）。この香椎宮の末社で、皇后は男髪になったと伝わる。

〈今し頭《かしら》を海水《うしほ》に滌《すす》ぐ。若《も》し験有《しるしあ》らば、髪自《おの》づからに分かれて両《ふたつ》に為《な》れ〉

日本書紀は皇后が、熊襲（曽）討伐を成し遂げた後、新羅親征を決意して海水で頭をすすぎ、「霊験あらたかなら髪が真ん中で分かれよ」と願をかけたと書く。すすがれた髪は真っ二つに分かれ、皇后は「髻《みづら》」と呼ばれる古代の男性の髪形を結った。

男髪の皇后が上陸した地は片男佐《かたおさ》と呼ばれる。髪形は男だが、衣装が女物だったため、半分だけ男になったという意味だ。近くには皇后が男姿になったと伝わる浜男《はまお》神社や兜《かぶと》、鎧《よろい》を装着したとされる兜塚、鎧坂もある。

「夫の偉大さの一番の理解者だった皇后は、女性の身で大業に挑むのに、姿も夫になろうと準備したような気がしてなりません。ある意味で真の英雄は仲哀天皇ではないでしょうか」

香椎宮の木下英大《ひでお》権禰宜《ごんねぎ》はそう指摘し、皇后の気持ちを推測する。

「海外親征を成し遂げたのは、最愛の夫への献身の気持ちからだったのかもしれません」

香椎宮

香椎宮の社伝によると、仲哀天皇の崩御後、神功皇后は喪を秘し、棺を椎の木に立て掛けて御前会議を開いたところ、棺の方から異香が漂ってきたのが社名の由来。神功皇后が仲哀天皇を祭った起源の地とされる古宮《ふるみや》には、由来を伝える椎の木「棺掛《かんかけの》椎《しい》」がある。

後年、四十四代元正《げんしょう》天皇の枕元に神功皇后が立ち、「仲哀天皇のそばで祭ってほしい」と頼んだため、皇后も祭られたと伝わる。夫婦の絆を感じさせる伝承から「愛つなぐ、香椎宮」としても信仰されている。

3

神功皇后（中）「統治者」を産んだ聖母

〈胎中之帝《すめらみこと》〉

日本書紀は、十五代応神《おうじん》天皇の別名としてこう記す。胎《はら》の中の天皇――とは、神功皇后（息長帯比売命）の胎中に坐《いま》して新羅親征を成就した天皇という意味である。

〈「おほよそ此《こ》の国は、汝命《いましみこと》の御腹《みはら》に坐《いま》す御子の知《し》らさむ国ぞ」〉

古事記は、神託を疑った仲哀天皇の崩御後、墨《すみ》の江三神が重臣の建内宿祢《たけうちのすくね》に、天照《あまてらす》大御神《おほみかみ》の神託を告げたと記す。神功皇后の胎中の御子こそ、この国の統治者であると、皇祖神が教えたという記述だ。

「外界と遮断された胎内は、天照大御神が忌み隠《こも》りをした天《あま》の石屋《いわや》と、思想的に類似しています。このような空間で霊力を更新して誕生する者は、大きな力を発現するの

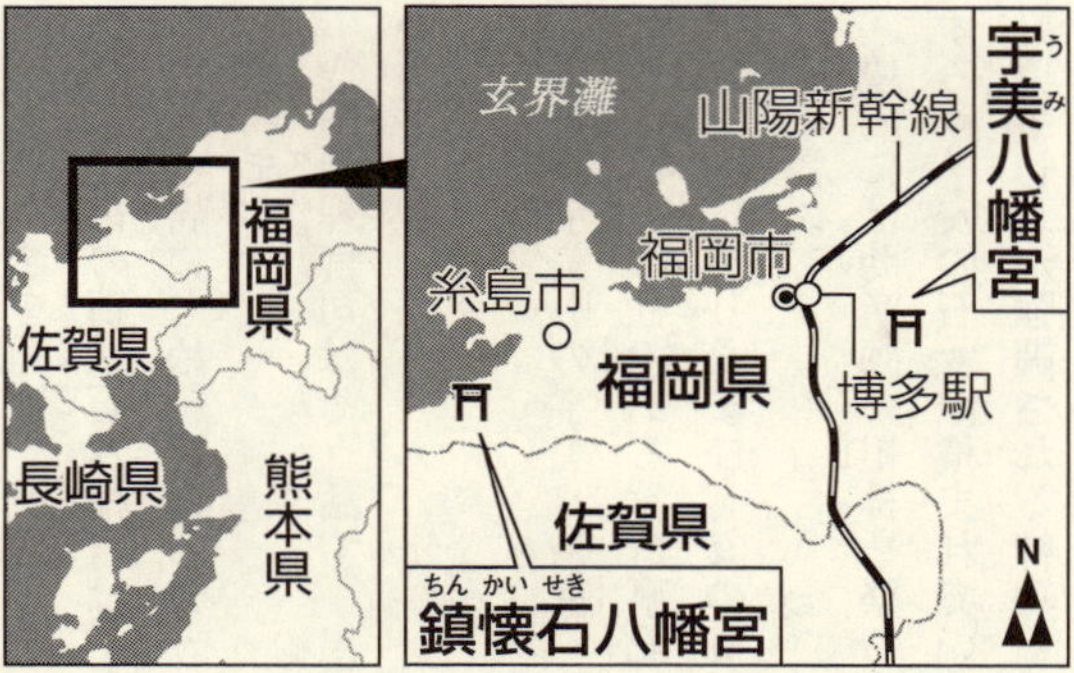

です」

昭和女子大の烏谷《からすだに》知子教授はそう説明する。

「偉大な統治者の誕生を説く説話の型です」。

母子は一体となって海を越え、親征に成功して帰還した。胎内にありながら御子は神託を成し遂げ、海を支配する霊威を得た、と烏谷氏は指摘する。

〈其《そ》の政《まつりごと》いまだ竟《を》へぬ間に、其の懐妊《はら》みませるが、産《あ》れますに臨《のぞ》む〉

古事記は、新羅親征に赴いた神功皇后は、任務を終えぬうちに御子が生まれそうになったと記す。そのため出産を抑えようとして、石を取って衣の腰に付けたという。

〈御裳《みも》に纏《ま》かしし石は、筑紫《つくし》国の伊斗《いと》村に在り〉

筑紫国風土記の逸文には、臨月の妊婦が石を腰に挟《はさ》んで出産を延ばす風習があるとし、その由来を神功皇后の逸話に求めている。福岡県糸島市の鎮懐石《ちんかいせき》八幡宮は、皇后が石を産後に奉納した土地とされる。

「大きな岩にしめ縄をはるように、石には霊力が宿るという古来の素朴な信仰なのだと思います」

空閑《くが》俊理《としみち》宮司はそう話す。出産にまつわる皇后の逸話は、福岡県内で今も息づいている。

福岡県宇美《うみ》町の宇美八幡宮。帰国した神功皇后が品陀和気命《ほむだわけのみこと》、後の応神天皇を産んだ地に建つ神社である。古事記はその由来をこう書く。

〈竺紫《つくし》国に渡りたまひ、其の御子はあれ坐しぬ。故《かれ》其の御子の生《あ》れまし し地に号《なづ》けて、宇美と謂《い》ふ〉

境内には助産師の祖神を祭る末社があり、その周囲には安産祈願のお礼参りで奉納する「子安の石」が積まれている。

「勇ましさが強調される神功皇后ですが、この神社では偉大な天皇を産んだ聖母なのです」

伊藤佳和宮司はそう話す。境内から少し離れた川の近くには「胞衣《えな》ケ浦」と呼ばれる祠《ほこら》がある。皇后が産後に胞衣を箱に入れて奉安したとされる場所だ。

「今もへその緒を箱に入れて大切に保管しますが、胞衣の奉安はその始まりといえるかもしれません」

国内外への遠征半ばで夫である天皇を失い、後継ぎになる御子を得た神功皇后はやがて、竺紫から大和を目指す。

海を支配する霊威

古事記には、海を支配する霊威の獲得が地上世界の統治に重要だとする価値観が随所に見られる。

初代神武天皇の祖父、火遠理命《ほをりのみこと》（山佐知《やまさち》毘古《びこ》）は綿津見神《わたつみのかみ》に潮の干満を操る二つの珠《たま》を授けられ、兄の火照命《ほでりのみこと》（海佐知毘古《うみさちびこ》）との争いに勝利した。

新羅親征で神功皇后の胎内にあった応神天皇は、天照大御神の神託を告げる墨の江三神（底箇男《そこつつのを》、中箇男《なかつつのを》、上箇男《うはつつのを》の三大神）に守られる。皇后一行が海を渡る際には「大小の魚が船を背負い、追い風が吹き、大波で新羅国の中央にまで達した」と書く。海の神の加護の現れだ。

4

神功皇后（下）後継者争い　奇策で勝利

〈息長帯日売命、倭《やまと》に還《かへ》り上ります時に、人の心を疑ふに因《よ》り、喪船《もふね》を一つ具《そな》へ、御子を其《そ》の喪船に載せまつり〉

古事記は、大和に帰還する神功皇后が、親征中に生まれた御子が死んだと偽って船で東進したと記す。皇后が疑ったのは、夫の仲哀天皇が最初の后、大中津比売命《おほなかつひめのみこと》との間にもうけた香坂王《かごさかのみこ》、忍熊王《おしくまのみこ》の兄弟である。

「仲哀天皇の九州遠征による留守を、兄弟は天皇の後継者として守っていた。ところが遠征先で天皇が崩御し、天皇と皇后の間に男子が誕生したため、皇位継承をめぐる緊張が高まった」

関西大の若井敏明非常勤講師は、記述の政治的背景をそう説明する。

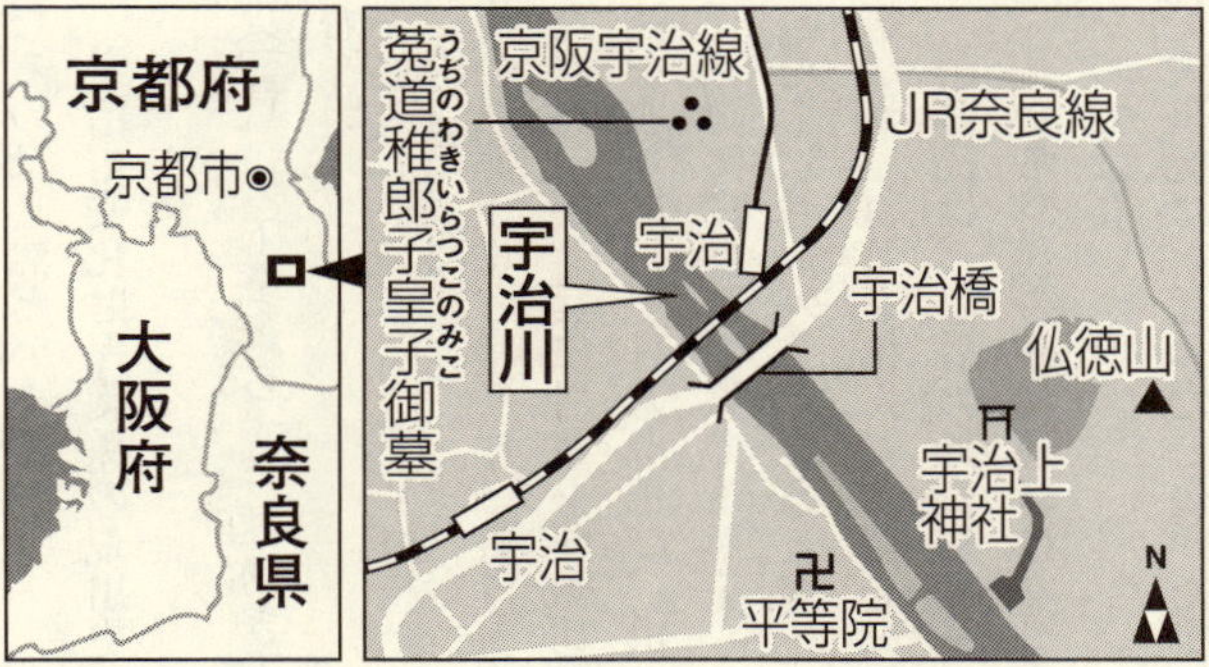

兄弟は、皇后一行を討とうとして斗賀野《とがの》（大阪市北区兎我野《とがの》町付近か神戸市灘区）に進出し、成否を占う狩りをした。その結果、香坂王が大きな猪に食い殺された、と古事記は書き、こう続ける。

〈其《そ》の弟《いろど》忍熊王、其の態《わざ》を畏《かしこ》まず、軍《いくさ》を興《おこ》し、待ち向かふる時に、喪船に赴《おもぶ》き空《むな》し船を攻めむとす。尓《しか》して其の喪船より軍を下ろして相《あひ》戦ひき〉

　占いの結果に慎しみ恐れない忍熊王が、喪船を攻めると、まるでギリシャ神話の「トロイの木馬」のように、次々と兵が出てきたというのである。忍熊王は大阪湾から山代《やましろ》（京都府南部）に追い詰められる。日本書紀によると、皇后側近の武内宿禰《たけうちのすくね》は精兵を選び、菟道《うぢ》の河に布陣する。宇治川をはさんで、両軍はにらみ合った。

「大和と近江をつなぐ大和街道と、大阪湾からの水運の結節点ですので、宇治の渡しが決戦の地になるのは必然といえます」

宇治市文化財保護係の荒川史《ふみと》係長はそう話す。

〈「吾《われ》、天下《あめのした》を貪《むさぼ》らず。唯幼《ただいとけな》き王《きみ》を懐《うだ》き、君王《きみ》に従ふらくのみ。豈距《あにふせ》き戦ふこと有らむや」〉

武内宿禰は、予備の弓弦《ゆづる》を髪の中に隠し、木刀を腰に帯びるよう兵に命じた上で対岸の忍熊王に、皇后には戦う意思のないことを伝えた、と日本書紀は書く。真に受けた忍熊王が、兵に弓弦を断ち切らせ、刀を川に投げ込ませると、皇后軍は、隠した弓弦を取り出して真刀《まだち》を帯び、川を渡って進攻した。なすすべなく敗走した忍熊王は、琵琶湖に投身して果てる。

「だまし討ちのような書きぶりですが、したたかな朝鮮半島の国々とやりあってきた経験が、奇策を生んだのでしょう」

若井氏は、皇后の外交遺産を念頭にそう話す。

「きたる時代の政権運営は、外交経験のない忍熊王には任せられないと、皇后は考えたのではないか」

古事記は、死んだと偽った御子（品陀和気命《ほむだわけのみこと》）が汚れを清めるため、敦賀の気比神社に参拝したと記す。
〈其の御祖《みおや》、息長帯日売命、待酒《まちざけ》を醸《か》みて献《たてまつ》る〉
神功皇后は、帰りを祝い待つ酒を用意して、御子に献上した。古事記は、戦う皇后が母親らしい姿を見せることで、仲哀天皇の記述を締めくくっている。

宇治の渡し

宇治川に架かる現在の宇治橋付近には古代から幹線道路が通り、飛鳥時代に最初の宇治橋が架けられた。宇治橋の西側には広大な巨椋《おぐら》の入り江（近世の巨椋池）が広がっていた。

史上、度重なる攻防の舞台となり、源義経が源義仲を破った宇治川の戦いでの佐々木高綱と梶原景季《かげすえ》の先陣争いや、楠木正成と足利尊氏の合戦などが有名。

渡しの近くの宇治上神社周辺は、異母兄の大鷦鷯尊《おほさざきのみこと》（十六代仁徳《にんとく》天皇）に皇位を譲るため自害したと日本書紀が記す応神天皇の皇太子、菟道稚郎子《うぢのわきいらつこ》の宮跡との説がある。

5 大中津比売命《おほなかつひめのみこと》 尊い血筋 本来なら皇后

〈此《こ》の天皇、大江王が女《むすめ》、大中津比売命に娶《あ》ひて、生みませる御子、香坂王、忍熊王〉

古事記は、十四代仲哀天皇の最初の結婚についてそう記す。続いて登場するのが息長帯比売命（神功皇后）と品陀和気命（十五代応神天皇）である。

〈息長帯比売命　是《こ》れ太后に娶《あ》ひて生れませる御子、品夜和気命《ほむやわけのみこと》、次に大鞆和気命《おほともわけのみこと》、またの名は品陀和気命〉

太后とは皇后、つまり正妻のことだ。国学院大の山崎かおり講師は、わざわざ太后と書いていることに注目する。

「本来ならオホナカツヒメの方が皇后にふさわしいのです。最初の妻で、神功皇后より年上。御子も最初に産んだ。さらに強みは、尊い血筋ということです」

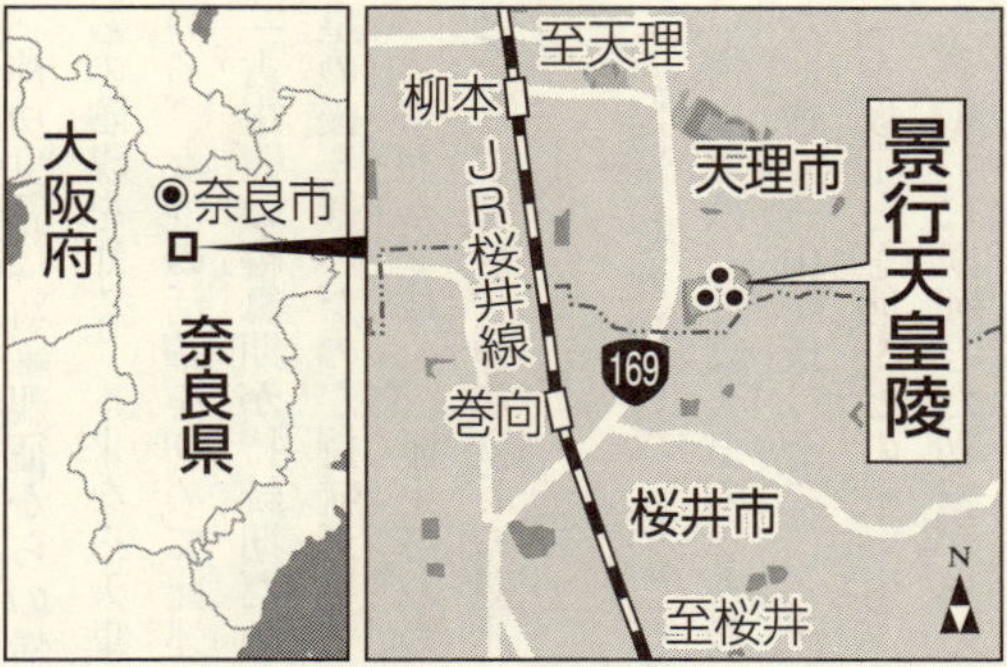

オホナカツヒメの父、大江王は、十二代景行天皇の子である。その天皇の孫がオホナカツヒメ。仲哀天皇は倭建命の子だから、天皇もまた景行天皇の孫だ。一方の神功皇后は九代開化《かいか》天皇の五世孫に当たる。天皇に近いほど尊いと考えれば、オホナカツヒメこそ皇后にふさわしいことになる。

「古事記の記述は、実力で皇后になったことを示しているのだと思います」

　神功皇后の実力として日本工業大の工藤浩教授は、反乱を察知する能力を指摘する。

「古事記では、大事なところでたびたび反乱が起こるが、天皇になるような人は必ず察知する。贈られた歌で知ったり、密告を受けたりして。そうした情報が集まる人こそ天皇の資質があると示しています」

神功皇后は新羅親征からの帰路、〈人の心を疑ふに因《よ》り〉オホナカツヒメの御子たちの陰謀を知る。本来なら天皇が持つ能力を、皇后が発揮したことを古事記は描いている。女性の活躍を初めて記述するのが、神功皇后の記事である。

「古事記の編纂《へんさん》期が持統《じとう》期だったことも影響しているでしょう。編纂を命じた天武《てんむ》天皇の後を継いだのが持統天皇ですから」

古事記が完成し、献上されたのは四十三代元明《げんめい》天皇。二人の女帝が活躍した時代だということも、神功皇后の記述には影響している。

〈「おほよそ此《こ》の国は、汝命《いましみこと》の御腹に坐《いま》す御子の知らさむ国ぞ」〉

古事記は、仲哀天皇の急逝後、神功皇后のお腹にいる応神天皇に即位の神託が下ったと書く。山崎氏はそこに、オホナカツヒメに対する劣等感を読み取る。

「香坂王と忍熊王との戦いも、応神天皇を後継者にするために必要だったものでしょう。戦いに勝利した功績があるから正統だというストーリーですね」

古事記はオホナカツヒメについて、冒頭の一文以外書いていない。何歳まで生きたか、御子の敗死を知っていたかなど、すべてが謎である。

「王権内にもオホナカツヒメこそ正統派と考え、支持する人もいたでしょうから」

山崎氏は、書かれなかった理由をそう推測する。

反乱伝承

反乱を察知する天皇や即位する前の天皇の記述が、古事記に多いことをこう呼ぶ。

初代神武天皇の崩御後、長兄の当芸志《たぎし》美々命《みみのみこと》は異腹の弟らを殺そうとするが、弟らは母から贈られた歌で陰謀を察知し、先手を打ってタギシミミを殺害。殺した神沼《かんぬな》河耳命《かわみみのみこと》は二代綏靖《すいぜい》天皇になった。

十一代垂仁天皇は、兄の沙本毗古王《さほびこのみこ》にそそのかされた皇后の沙本毗売命《さほびめのみこと》に刺殺されそうになったが、皇后が落とした涙で異変に気づく。皇后を問い詰めて陰謀を知って討伐軍を繰り出し、反乱を防いだ。

仲哀天皇陵。天皇はヤマトタケルの子で垂仁天皇の孫だった（大阪府藤井寺市）
本文 154 ページ

神功皇后が後の応神天皇を産んだ地に立つ宇美八幡宮。安産祈願のお礼参りで奉納する「子安の石」が積まれている（福岡県宇美町）
本文 164 ページ

第八章

十六代仁徳天皇

新羅遠征で有名な神功《じんぐう》皇后の子、十五代応神《おうじん》天皇の子。国見をした時、炊煙が上がっていないことで民の窮乏を知り、三年間、税を免除したことに代表される徳政で「聖帝の御代」と呼ばれる政治を行った。治水用の堤や灌漑池を多数造り、墨江《すみのえ》の港（住之江港）を整備したことでも国力を発展させた。初めて豪族から皇后を迎えた天皇でもある。

1 髪長比売《かみながひめ》 心を奪った日向美女

〈天皇、日向国の諸県君《もろあがたのきみ》が女《むすめ》、名は髪長比売《かみながひめ》、其の顔容《かたち》麗美《うるは》しと聞こし看《め》し、使はさむとして、喚《め》し上げたまふ〉

十五代応神《おうじん》天皇が、その美貌ゆえに日向（現在の宮崎県）から呼び寄せ、妻にしようとしたと古事記が書くのが髪長比売だ。ヒメが難波津《なにはつ》（大阪港）に着くと、太子《ひつぎのみこ》（皇太子の一人）の大雀命《おほさざきのみこと》が心を奪われた。後の十六代仁徳《にんとく》天皇は重臣の建内宿祢《たけうちのすくね》を介して父に下賜を願い出た。

〈天皇、豊明《とよのあかり》聞こし看《め》す日に、髪長比売に大御酒《おほみき》の柏を握《と》らしめ、其の太子に賜ふ〉

天皇は、群臣の前で、自ら飲む酒を満たした柏の葉をヒメに持たせて皇太子に与え、歌を詠んだ。

〈水渟《みづたま》る　依網《よさみ》の池の　堰杙《いぐひ》打ちが　指しける知らに　蓴繰《ぬなはく》り　延《は》へけく知らに　我

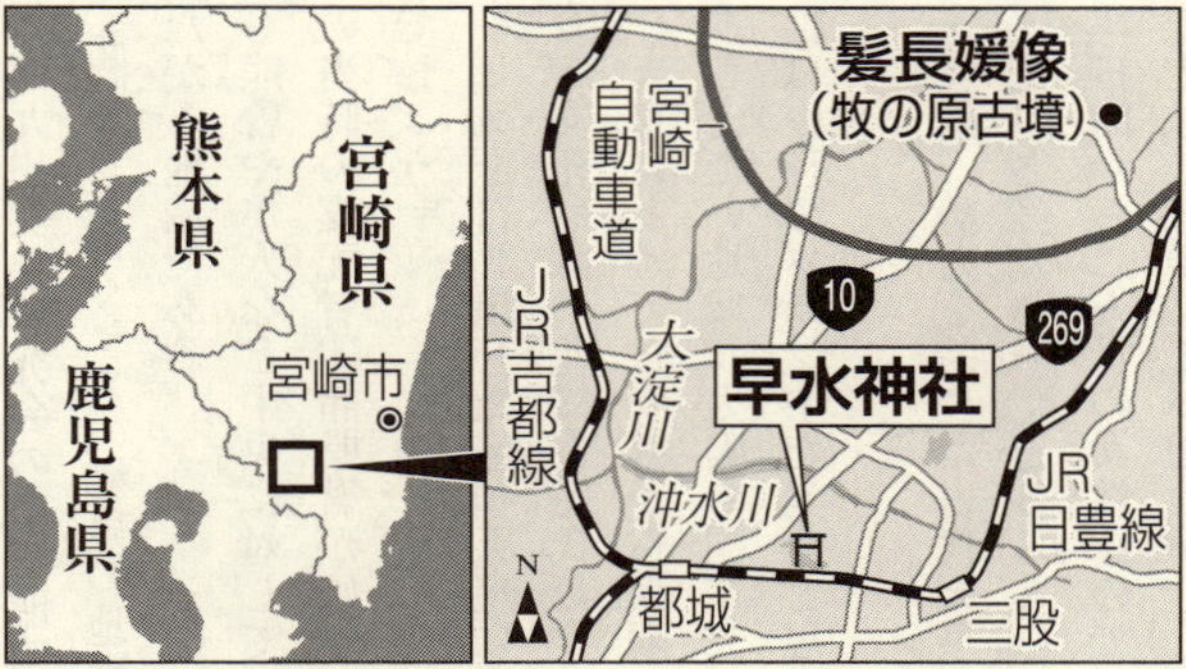

が心しぞ　いやをこにして　今ぞ悔しき〉

池の杙打ちや蓴菜《じゅんさい》取りの素早い仕事ぶりに気づかなかったことに仮託して、自分のうかつさをユーモラスに表現している。

〈仁徳天皇妃　髪長媛の泉水〉

宮崎県都城《みやこのじょう》市の早水《はやみず》神社境内には、そう紹介された井戸がある。神社の看板は、ヒメが湧水を産湯に使ったことを紹介している。

〈此の湧水で顔や手を洗うと美人になると言い伝えられ、近郷近在の婦女子は好んで手や顔を洗い、参拝する風習があります〉

「皇太子が天皇から横取りするぐらいですから、気品ある美しい女性だったことは間違いないが、天皇に召されたことには政治的な意味合いもあったと思います」

南九州文化研究会の山下博明会長はそう話す。山下氏が注目するのは、古事記が「諸県」と書くヒメの郷里の地理。宮崎市南部から都城市、鹿児島県曽於《そお》市などにまたがる地域である。

「熊曽《くまそ》や隼人など中央に対して、たびたび乱を起こす南九州の拠点がこの地域。その当時の支配者、諸県君が娘を天皇の元に行かせたことには、恭順の意味があったのでしょう」

ヒメを召し出した応神天皇にも政略結婚の意図があった、と指摘するのは宮崎県教育庁文化財課の北郷泰道《ほんごうひろみち》氏だ。

「天皇にとって日向灘から大隅、薩摩へのルートは大陸との交通のためにどうしても押さえたい地域。太陽の国、天孫降臨の地という意識もあったでしょうから、日向女性は一種のブランドだったと思います」

実際、勢力を誇った古代天皇は必ず、日向の女性を妻としている。十二代景行《けいこう》天皇は日向之美波迦斯毗売《ひむかのみはかしびめ》ら二人を、応神天皇もすでに泉長比売《いずみのながひめ》を迎えていた。

「日向から二人目の女性なので、天皇は簡単に譲ったのでしょう。オホサザキを後継者として意識していたのかもしれません」

父の意図を意識してか、オホサザキはこんな歌を詠む。

〈道の後　古波陀嬢子《こはだをとめ》を　雷《かみ》のごと　聞こえしかども　相枕纏《あひまくらま》く〉

国の果ての地で雷のように、美人の評判がとどろいていた女性と枕を交わした喜びが、歌に満ちている。

髪長比売の子

古事記は、髪長比売を皇妃の二番目、大《おほ》后《きさき》（皇后）の石之日売命《いはのひめのみこと》に次いで紹介する。仁徳天皇との間にもうけた子は大日下《おほくさかの》王《みこ》と若日下部命《わかくさかべのみこと》の男女二人。大日下王は日下部氏の祖だが、二十代安康《あんこう》天皇の臣下の讒言《ざんげん》によって天皇の討伐を受けて亡くなる。若日下部命は二十一代雄略《ゆうりゃく》天皇の妻となるが、子供に恵まれなかった。

日本書紀は、ヒメが畿内に向かった際、角のある鹿の皮を着た一団に守られていたことを「ある説」として紹介している。ヒメの故郷が、蛮族の地として大和王権になかなか従わなかったことを示唆している。

2 石之日売命《いはのひめのみこと》 皇族以外で初の皇后に

〈其の太后石之日売命《おほきさきいはのひめのみこと》、いたく多《さは》に嫉妬《うはなりねたみ》したまふ。故《かれ》天皇の使はせる妾《みめ》は、宮の中にえ臨《のぞ》まず、言立《ことた》てば、足もあがかに嫉《ねた》みたまふ〉

古事記が、その嫉妬深さをこう書くのは仁徳天皇の皇后である。天皇が召そうとする妃たちは、宮中に入ることもできないうえ、誰かに噂が立っただけでイハノヒメは、足をばたつかせて嫉妬したというのだ。

その嫉妬心は、吉備から来た黒日売《くろひめ》を逃げ帰らせ、天皇に旅先にまで謝罪に来させた、と古事記は書く。一方で、万葉集が、イハノヒメの別の側面を今に伝えている。

〈君が行き　日長くなりぬ　山尋ね　迎へか行かむ　待ちにか待たむ〉

巻第二の巻頭歌に、イハノヒメの歌とされる歌が四首選ばれている。いずれも天皇への強い思慕がうかがえる。

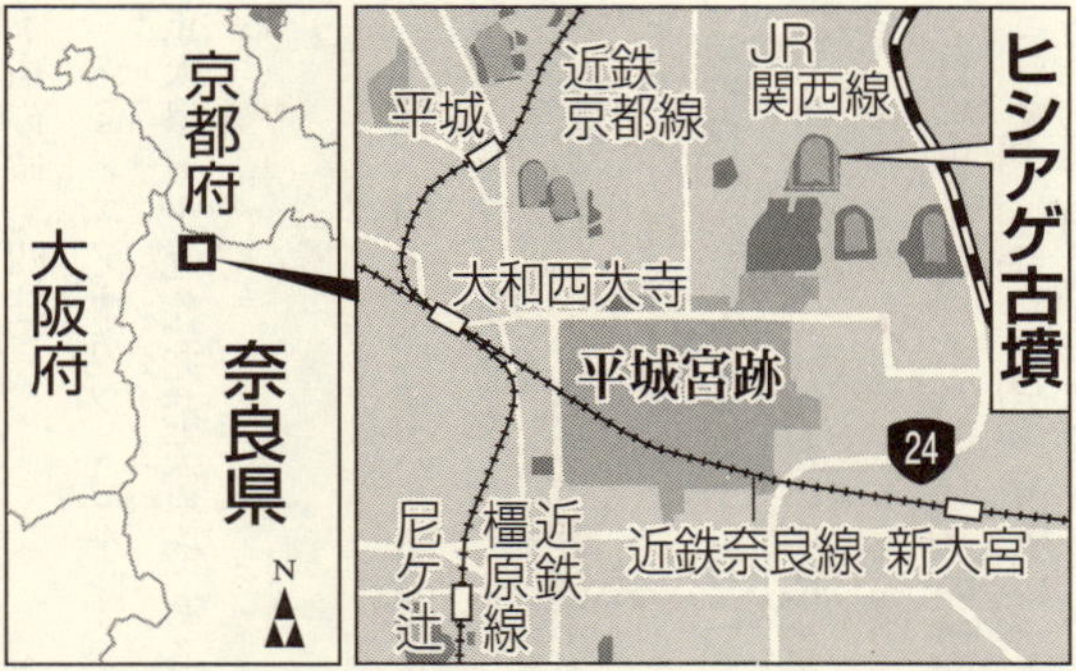

「古事記では、皇后が嫉妬するほど多くの、天皇とヒメたちの話が語られ、聖帝とたたえられる天皇の人間味ある姿が表れている。その天皇に深い情を募らせる皇后。後世の人たちには、人間性を感じる夫婦と映ったことでしょう」

奈良大の上野誠教授はそう話す。

〈葛城之曽都毗古《かづらきのそつびこ》が女《むすめ》、石之日売命〉

古事記は、イハノヒメの出自についてそう書く。カヅラキノソツビコは、朝鮮半島への遠征軍を指揮して軍功を挙げ、葛城氏を一大勢力に発展させた人物とされる。その娘ゆえに、皇族以外で初めて皇后になったのがイハノヒメである。古事記は、ヒメが産んだ子について、こう続ける。

〈生《あ》れませる御子、大江之伊耶本和気命《おほえのいざほわけのみこと》、次に墨江之中王《すみのえのなかつみこ》、次に蝮之水歯別命《たぢひのみづはわけのみこと》、次に男浅津間若《をあさづまわく》る。

子宿祢命《ごのすくねのみこと》。四柱〉

スミノエノナカツミコを除く三人は後に天皇になった。十七代履中《りちゅう》天皇、十八代反《はん》正《ぜい》天皇、十九代允恭《いんぎょう》天皇である。葛城氏を背景にしたイハノヒメの実力が垣間見え

「後世、四十五代聖武《しょうむ》天皇の時代に藤原氏から光明子《こうみょうし》が立后する時、イハノヒメは先例として注目されます」

上野教授はそう話す。朝廷の外戚《がいせき》政治の始まりを連想させるのが、イハノヒメなのである。

〈(仁徳)三十五年の夏六月に、皇后磐之媛命《いはのひめのみこと》、筒城宮《つつきのみや》に薨《かむさ》ります〉

〈三十七年の冬十一月の甲戌《かふしゅつ》の朔《つきたち》にして乙酉《いついう》(十二日)に、皇后を那羅山《ならやま》に葬《はぶ》りまつる〉

日本書紀は、イハノヒメの最期についてそう記す。その陵墓は現在、奈良市北部のヒシアゲ(ヒシャゲ)古墳に治定されている。墳長二一九メートルという巨大な前方後円墳で、二重周濠《しゅうごう》を巡らせるなど、仁徳天皇陵(大山《だいせん》古墳)を有する百舌鳥《もず》古墳群との類似性が指摘される。

平城の北部にそびえる古墳だが、「被葬者は大山古墳と同時代で、政権ナンバー2クラスだったと考えられる」と関西大の今尾文昭非常勤講師は話す。陵墓もまた、夫に負けない実力を示唆している。

歌曲「平城山」

大正、昭和に活躍した女流歌人、北見志保子の短歌に平井康三郎が曲をつけ、今なお歌い継がれている歌曲で、イハノヒメに心を寄せた内容で知られる。

〈人恋ふは　かなしきものと　平城山《なら》に
もとほりきつつ　堪へがたかりき〉
〈古へも　つまを恋ひつつ　越えしとふ
平城山のみちに　涙おとしぬ〉

基になったのはこの短歌で、東京で秘めた恋に破れた北見は、知人を頼って奈良に逗留《とうりゅう》。イハノヒメの陵のある平城山にも足を延ばし、ヒメの深い愛に自分を重ねたのではないかといわれている。

3

黒日売《くろひめ》
美しい容姿　皇后が嫉妬

〈吉備の海部直《あまべのあたひ》が女《むすめ》、名は黒日売《くろひめ》其の容姿端正《かたちうるは》しと聞こし看《め》し、喚《め》し上げて使ひたまふ〉

古事記は、仁徳天皇が美人の誉れ高いクロヒメを宮中に迎えたと記す。しかし、皇后の石之日売命の嫉妬に恐れをなしたヒメは、逃げ帰ってしまう。難波でヒメを見送る天皇が歌う。

〈沖方《おきへ》には　小舟連《つら》らく　くろざやの　まさづこ我妹《わぎも》　国へ下らす〉

小舟が連なる沖合を見ながら、黒鞘《くろざや》を出た刀身のように故郷に帰ってしまうヒメへの恋慕を訴える歌に、皇后は怒りを爆発させた。

〈人を大浦に遣はし、追ひ下ろして、歩《かち》より追ひ去《や》りたまふ（人を派遣してクロヒメを船から下ろし、歩かせて追放なさった）〉

皇后の嫉妬深さを象徴する場面だが、昭和女子大の烏谷《からすだに》知子教授はクロヒメ側の原因も指摘する。

「船を連ねて吉備の海部直の力を誇示するかのように帰る。後宮の秩序を乱し、皇后の怒りを買ってしまう女性ともいえるでしょう」

聖帝・仁徳天皇のもう一つの顔を伝えているのが、古事記のクロヒメの章だ。

〈淡道嶋《あはぢしま》を見むと欲《おも》ふ〉

天皇はそう言って皇后を欺き、淡路島経由で吉備に行く。そして、高菜を摘んで食事を献上しようとしたクロヒメに歌を贈った。

〈山方《やまがた》に　蒔《ま》けるあをなも　吉備人と　共にし
採《つ》めば　楽しくもあるか〉

「自分から離れ、吉備の耕作人と一緒で楽しいか、いや楽しくないだろうという歌でしょう。『か』は疑問形で否定する大和言葉。古事記には文芸的な表現がちりばめられているが、これもその一つといえるでしょう」

立命館大の藤原享和《たかかず》教授はそう話す。クロヒメは、天皇が帰る際に返歌して心を伝えた。

〈倭方《やまとへ》に　西風《にし》吹き上げて　雲離れ　退《そ》き居《を》りとも　我忘れめや（雲が遠のいていくように陛下が離れても、私は陛下を忘れることはありません）〉

天皇は、吉備に向かう途中の淡路島では、雄大な歌も詠んでいる。

〈おしてるや　難波《なには》の埼《さき》よ　出で立ちて　我が国見れば　淡島《あはしま》　おのごろ島　檳榔《あぢまさ》の島も見ゆ　佐気都島《さけつしま》見ゆ〉

天皇が詠む「見ゆ」は、掌握の意味を持つ。神話の国生みの始まりの島、おのごろ島から、亜熱帯性のビロウの木が生えるような離れ島まで掌握している自信が読み取れる。

クロヒメの父、海部直も天皇には重要だった。現在の岡山県瀬戸内市牛窓《うしまど》町に拠点を置き、瀬戸内の海上交通を担った海辺の民の長と考えられる。

「牛窓は山が海に迫り、農地に恵まれていないにもかかわらず、大きな前方後円墳がいくつもある。大和政権にとって重要な勢力があった証拠です」

岡山県古代吉備文化財センターの金田善敬《よしのり》総括副参事はそう話す。天皇にとっての恋は、政治の一部でもあることを古事記は示している。

ミュージカルになったクロヒメ伝承

岡山県には総社《そうじゃ》市や倉敷市など各地にクロヒメ伝承がある。海から遠く離れた津山市にある水原古墳も黒媛《くろひめ》塚と呼ばれる。古事記が、ヒメが天皇を山の手の領地でもてなしたと書いていることから、クロヒメの墓と伝わってきた。

平成十七年に津山市に編入される前の旧勝北町は、伝承を題材にミュージカル「黒媛物語」を上演。脚本募集から衣装作りまで五年計画の上演準備に住民が携わった。元勝北公民館長の上高《うえこう》進氏は「町おこしで黒姫の伝承を後世に伝えることができました」と、当時の熱気を振り返る。

4 八田若郎女《やたのわかいらつめ》

弟の遺言で宮中に

〈「天皇《おほきみ》は、比日八田若郎女《このごろやたのわかいらつめ》を婚《ま》きたまひて昼夜戯遊《ひるよるたはぶ》れます」〉

古事記は、十六代仁徳天皇の皇后、石之日売命（日本書紀では磐之媛命）が紀伊国からの帰り、女官からそう報告を受けたと記す。女官は、天皇が皇后の留守中にヤタノワカイラツメ（八田皇女《やたのひめみこ》）と結婚し、昼夜の別なく戯れていることを、任期を終えて帰国する仕丁《してぃ》（雑役夫）から教えられた。いわば、都中で評判になっていたのだ。皇后は怒り、新嘗祭《にいなめさい》のために紀伊で集めた植物、御綱柏《みつながしは》をすべて海に捨て、難波《なにはた》の高津宮《つのみや》（大阪市）に帰らず、山代筒木《つつき》（京都府京田辺市付近）の渡来人の家に入った。

「嫉妬はしても、遠慮せざるを得なかったということでしょう」

皇后の行動を、奈良県立図書情報館の千田稔館長はそう推測する。ヤタノワカイラツメは十五代応神天皇の娘で、仁徳天皇にとっては異母妹に当たる。これに対して皇

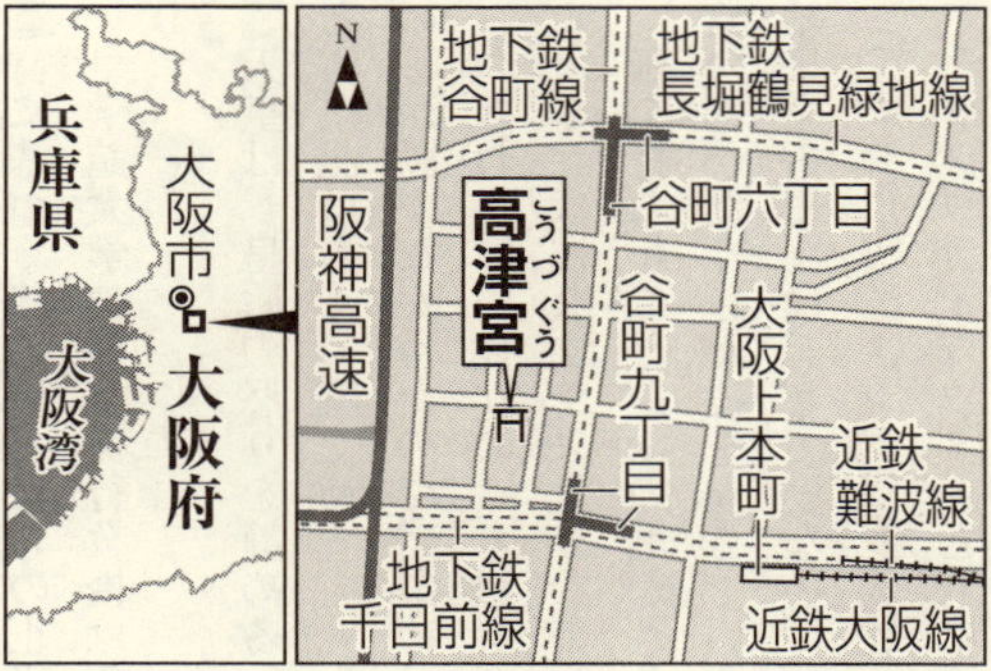

后は当時の実力者、葛城之曽都毗古《かづらきのそつびこ》の娘で、実家の威光で皇族以外で初めて皇后になっていた。

「本来ならヤタノワカイラツメが皇后になるべき血筋で、天皇の寵愛《ちょうあい》を受けているのも明らかですから」

〈「納采《なふさい》するに足らずと雖《いふと》も、僅《わづ》かに掖庭《えきてい》の数《ひとかず》に充《あ》てたまへ」〉

日本書紀は、応神天皇が立てた皇位継承者の菟道稚郎子《うぢのわきいらつこ》が、異母兄の大鷦鷯尊《おほさざきのみこと》（仁徳天皇）と皇位を譲り合った末に自殺した際、同母妹のヤタノワカイラツメを宮中に迎えてほしいと言い残したと記す。仁徳天皇は約束を果たすべく、皇后の不在時を狙ってヤタノワカイラツメを召し入れたのだ。

「弟を差し置いて皇位に就いた仁徳天皇にとって、

遺言に基づく結婚は、自らの正当性に関わることだったといえるかもしれません」

皇学館大学の荊木美行《いばらきよしゆき》教授はそう話す。

天皇は、皇后の怒りを静めるために鳥山という名の舎人《とねり》を、歌を託して遣わした、と古事記は書く。続く使者、丸迩臣口子《わにのおみくちこ》という者には歌二首を託した。それでも皇后の心が動かなかったので、最後は自ら筒木に行幸し、御殿の戸口に立って歌った。

〈つぎねふ　山代女《め》の　木鍬《こくは》持ち　打ちし大根《おほね》さわさわに　汝《な》が言へせこそ　うち渡す　やがは枝なす　来入《きい》り参来《まゐく》れ〉

根を打ち起こした木の葉がざわざわと擦れ合うように、あなたが言い立てるから、桑の木がたくさん枝を立てているように大勢でやって来たのだ——という意の贈歌の結果を古事記は記していない。代わりに、日本書紀が、皇后の反応を書いている。

〈「皇女に副《そ》ひて后《きさき》為《た》らまく欲せず」とまをしたまひ、遂に奉見《まみ》えたまはず〉

ヤタノワカイラツメとともに后でいたくないと言われた天皇はそのまま帰り、皇后は五年後に崩御。その三年後、天皇はヤタノワカイラツメを皇后に立てた。新皇后には御子ができなかった。

ウワナベ古墳

奈良市法華寺町にある全長二〇〇メートル超の前方後円墳で、皇学館大学の荊木教授は、ヤタノワカイラツメが葬られている可能性を指摘する。

五世紀前半から中頃の築造で、宮内庁は、被葬者不明の陵墓参考地に指定している。しかし、荊木教授は「皇族特有の墳丘を有することなどから、仁徳天皇の后妃との関わりが考えられる。名称が後妻を意味する『うわなり』に近いのも示唆的」と話す。北西側には磐之媛命陵があり、ヤタノワカイラツメが被葬者なら、宮中で並び立たなかった二人が近くで眠っていることになる。

5 女鳥王《めどりのみこ》一族への情 謀反勧める

〈天皇《すめらみこと》、其《そ》の弟速総別王《おとはやぶさわけのみこ》を以《も》ち媒《なかひと》と為《し》て、庶妹女鳥王《ままいもめどりのみこ》を乞《こ》ひたまひき〉

十六代仁徳天皇は、八田若郎女の妹のメドリノミコも妻にしようと考え、自分の異母弟、ハヤブサワケを仲介役として思いを伝えた、と古事記は書く。

〈「大后の強《こは》きに因《よ》り、八田若郎女を治め賜はず。故《かれ》仕へ奉《まつ》らじと思ふ。吾《あ》は汝命《いましみこと》の妻《め》に為《な》らむ」〉

メドリノミコは、皇后の石之比売命の嫉妬に手を焼き、姉を後宮に入れることもできない天皇を非難し、ハヤブサワケと結婚してしまう。事情を知らない天皇は、機織《はたお》りをするメドリノミコを訪ね、歌を贈る。

〈女鳥の　我が大君《おほきみ》の　織ろす機《はた》　誰《た》が料《たね》ろかも〉

親愛なる女王が織っているのは誰の着物かと問う歌に、メドリノミコは答歌する。

〈高行《たかゆ》くや　速総別の　御襲《みおすひ》がね（空高く飛ぶハヤブサワケの上着です）〉
「天照大御神や七夕《たなばた》伝説の機織女《はたおりめ》がそうであるように、古代の機織りは神聖な女性の役割。メドリノミコは神迎えの資質を持った巫女《みこ》で、ハヤブサワケを神の御子とみなして衣を織ったことを示唆している」

甲南女子大の武部智子非常勤講師はそう指摘する。

メドリノミコは、天皇と入れ替わりにやって来たハヤブサワケにも歌を詠む。
〈雲雀《ひばり》は　天《あめ》に翔《かけ》る　高行くや　速総別　雀《さざき》取らさね〉

雲雀とは大雀《おほさざき》の名を持つ仁徳天皇のこと。雲雀より高く飛ぶハヤブサよ、雲雀を取れ――という歌は明らかに、謀反を勧めていた。
「皇室を支えてきた丸迩《わに》氏の出身の皇位継承者の兄、宇遅能和紀郎子《うじのわきいらつこ》が、ヤタノワカイラツメを宮中に迎えるよう遺言したのに仁徳天皇は守らず、葛城氏のイハノヒメだけを厚遇していると感じて許せなかった。一族への情の強さが謀反へと駆り立てたのでしょう」

武部氏はそう推察する。

歌は、天皇の耳に入り、天皇は追討軍を派遣した。二人は倉椅山《くらはしやま》（奈良県桜井市）に逃げた。そこで、ハヤブサワケは歌を詠む。

〈梯《はし》立ての倉椅山《くらはしやま》は　嶮《さが》しけど　妹《いも》と登れば　嶮しくもあらず〉

険しい山も妻と一緒なら苦ではない、という歌は、ハヤブサワケがメドリノミコと運命を共にすることを悔やんでいないことを今に伝えている。二人は、宇陀の蘇迩《そに》（奈良県曽爾村）で軍勢に追いつかれ、命を落とした。

〈将軍山部大楯連《いくさのきみやまべのおほたてのむらじ》、其の女鳥王の御手《みて》に纏《ま》ける玉釼《たまくしろ》を取りて、己《おの》が妻《め》に与ふ〉

メドリノミコの亡骸《なきがら》から玉釼が奪われたことを古事記は記す。それを知った皇后は、将軍を死刑にした。天皇の愛を独り占めにしようとした皇后も、臣下の氏族への冒涜《ぼうとく》は許さなかったのである。

「氏族制社会の道理をわきまえながらも氏族の利害を超越し、個々の我に目覚めたヒメたちの姿が描かれている」

同志社女子大の寺川眞知夫名誉教授は、仁徳天皇を取り巻くヒメたちの群像をそう捉えている。

女鳥王・速総別王の終焉地

逃避行の終焉は古事記では「宇陀の蘇迩」だが、日本書紀はさらに東の「伊勢の蒋代野《こもしろのの》」と記す。三重県津市白山町の雲出《くもず》川中流の「瀬戸ヶ淵」付近とされ、里人が夫婦窟《めうといはや》と呼ぶ二王の御墓があったことを、江戸時代の国学者、本居宣長《もとおりのりなが》が『古事記伝』に書き残している。

雲出川源流にある川上山若宮八幡神社（津市美杉町）は仁徳天皇と磐之媛《いはのひめ》皇后を主神、二王を配祀神として祭る。伊勢湾に注ぐ雲出川は、別世界と認識された東国や伊勢神宮に通じる重要ルートで、二人がそこをめざした可能性が指摘される。

カミナガヒメが湧水を産湯に使ったとされる井戸がある
早水神社（宮崎県都城市）本文 177 ページ

仁徳天皇の旧都の遺跡を社
地にしたとされる高津宮
（大阪市中央区）
本文 188 ページ

第九章

十九代允恭天皇

仁徳《にんとく》天皇の第四子。兄二人（十七代履中《りちゅう》天皇、十八代反正《はんぜい》天皇）の後を受けて即位。病弱だったために天皇になるつもりはなかったが、皇后や家臣の熱心な説得で即位した。後継に長子のキナシノカルノミコを指名したが、カルノミコは同母妹を愛する禁忌を犯したため、天皇の崩御後、弟（二十代安康《あんこう》天皇）に流罪に処せられた。

1 忍坂之大中津比売命《おしさかのおほなかつひめのみこと》
皇位継承 命懸けの献身

〈大后《おほきさき》を始めて、諸《もろもろ》の卿等《まへつきみたち》堅《かた》く奏《まを》すに因《よ》りて、天《あめ》の下治《したし》らしめしき〉

古事記は、持病を理由に皇位継承を固辞していた十九代允恭《いんぎょう》天皇が、皇后の忍坂《おしさか》之大中津比売命《のおほなかつひめのみこと》（日本書紀では忍坂大中姫命）をはじめ、群臣たちの強い懇願に応じて即位したと記す。日本書紀はさらに、命懸けのヒメの伝承を伝える。

〈親《みづか》ら洗手水《おほみてみづ》を執《と》りて、皇子《みこ》の前《みまへ》に進《たてまつ》り〉

ヒメは即位の儀式で、天皇の心中を思ってためらう群臣に代わり、手を洗い清める水を差し出したが、雄朝津間稚子宿禰皇子《おあさつまわくごのすくねのみこ》（允恭天皇）は背を向けた。ときあたかも厳冬。一時間余りもヒメが容器を捧げたまま控えていると、風にあおられてあふれた水で腕が凍りつき、死にそうになった。これを見た皇子は驚き、ヒメを助け上げて皇位継承を決意した。

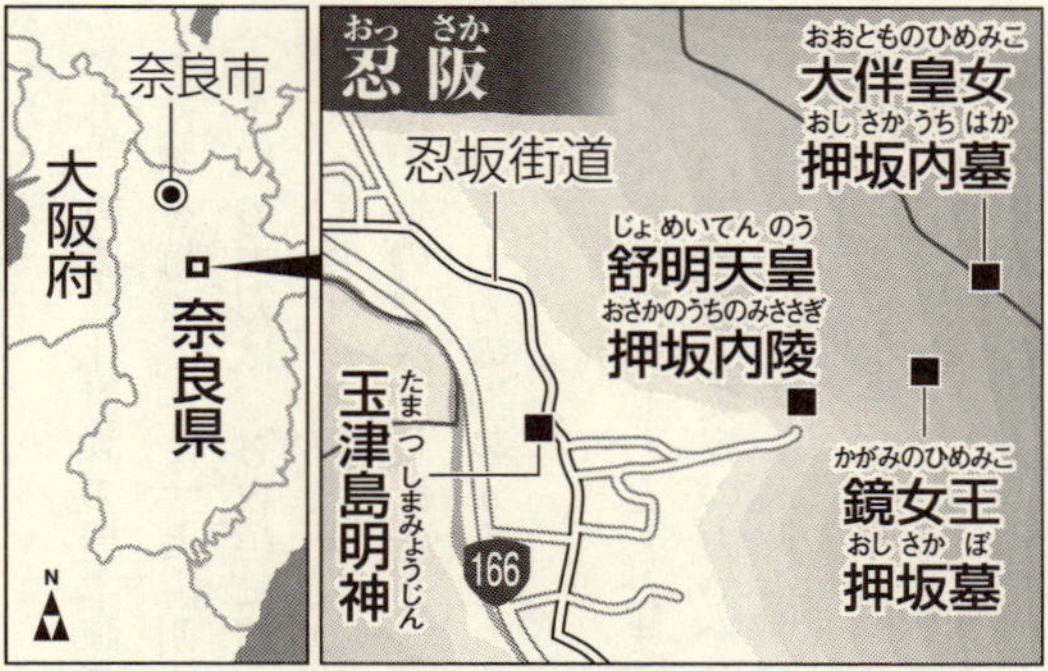

「ヒメは近江地方を本拠地にした息長《おきなが》氏の系譜。伝承はヒメと、その背後にいた息長氏の力で允恭天皇が即位したことを反映しているのかもしれません」

皇学館大の荊木美行《いばらきよしゆき》教授は、そう指摘する。荊木氏によると、ヒメの父、若沼毛二俣王《わかぬけのふたまたのみこ》は、十五代応神《おうじん》天皇と息長真若中比売《まわかなかつひめ》との間に生まれた息長氏系の皇子。当時は葛城氏の勢力が絶大の時代で、葛城氏出身の石之比売命《いはのひめのみこと》が十六代仁徳《にんとく》天皇との間にもうけた皇子が三代続けて皇位に就いた。その三人目が允恭天皇だが、皇后が息長氏系だったために非主流と位置づけられていたという。

しかしながら、奈良県桜井市忍阪《おっさか》にヒメの居住した可能性のある宮殿跡と伝わる場所があり、息長氏が大和王権で重要な位置を占めていたこともうかがえる。

桜井市教委文化財課の橋本輝彦課長は「忍阪は、近江の息長氏の大和出張所というべき性格を持っていた」と説明する。

〈一千口の大刀《たち》は、忍坂邑《おさかのむら》に蔵《をさ》め、然《しか》して後に、忍坂より移して石上神宮《いそのかみのかむみや》に蔵む〉

日本書紀は十一代垂仁《すいにん》天皇の時代の記述として、こう記している。

「王権中枢のお膝元で武器を管理する一定の勢力があったことを示しています。キングメーカーの力の源泉かもしれません」

〈産殿《うぶどの》を焼きて死《みう》せむとしたまふ〉

命懸けの献身と実家の力で允恭天皇を誕生させたヒメが、その自負と誇りを見せるのは大泊瀬天皇《おおはつせのすめらみこと》（二十一代雄略《ゆうりゃく》天皇）を出産する時である。日本書紀は、天皇がヒメの妹、弟姫《おとひめ》に会いに行ったと聞いたヒメが、産殿に火を放って死のうとしたと記す。

「妾《われ》、初めて結髪《かみあげ》してより、後宮に陪《はべ》ること、既に多年《あまたのとし》を経たり」

成人以来ずっと天皇に尽くしてきたのに、出産の大事の時に他の女性のもとに行くとは、と嘆くヒメに、天皇は謝罪した。

〈「朕、過《あやま》てり」とのたまひ、因《よ》りて、皇后の意《みこころ》を慰喩《なぐさめさと》したまふ〉

記紀は、天皇がヒメとの間にのみ御子をもうけ、その数が九人に上ることを記している。

忍阪の産湯の井戸

奈良県桜井市忍阪の玉津島明神《たまつしまみょうじん》にある井戸跡。衣通姫《そとおりひめ》の産湯に使った水をくんだと伝わる。衣通姫は、美しさが衣を通して輝くことからついた別称で、古事記では忍坂之大中津比売命の娘の軽大郎女《かるのおおいらつめ》、日本書紀では妹の弟姫とされる。地元では、この井戸の水を産湯に使うと美人になると言い伝えられる。

軽大郎女は、同母兄の木梨之軽太子《きなしのかるのみこ》を道ならぬ恋に走らせ、皇位を棒に振らせた美女。弟姫も日本書紀が美貌の持ち主と書いている。ゆかりの人物の生誕地伝承が、忍坂之大中津比売命が居住していたことを物語る。

2 弟姫《おとひめ》（上） 説得に根負け 都行き決意

「何《なに》ぞ常礼《つねのゐや》を失へる」

日本書紀は、宴席で琴を奏でた十九代允恭天皇が、目の前で舞った皇后の忍坂大中姫命《おしさかのおほなかつひめのみこと》の欠礼を指摘した事件を記している。当時、宴席で舞った者は「娘子奉《をみなたてまつ》らむ」と座長に申し上げ、娘らを献上する意思を示すのが習わしだった。皇后は再び舞って「娘子奉らむ」と申し上げた。

〈「奉れる娘子は誰ぞ。姓字《うぢな》を知らむと欲《おも》ふ」〉

〈「妾《やっこ》が弟《おと》、名は弟姫」〉

日本書紀は、皇后がやむを得ず、自分の妹の名を告げた事情を書いた後、弟姫の美貌に筆を移す。

〈弟姫、容姿絶妙にして比無《たぐひ》し。其《そ》の艶色《えんしょく》、衣を徹《とほ》して晃《て》れり。是を以ちて、時人《ときのひと》、

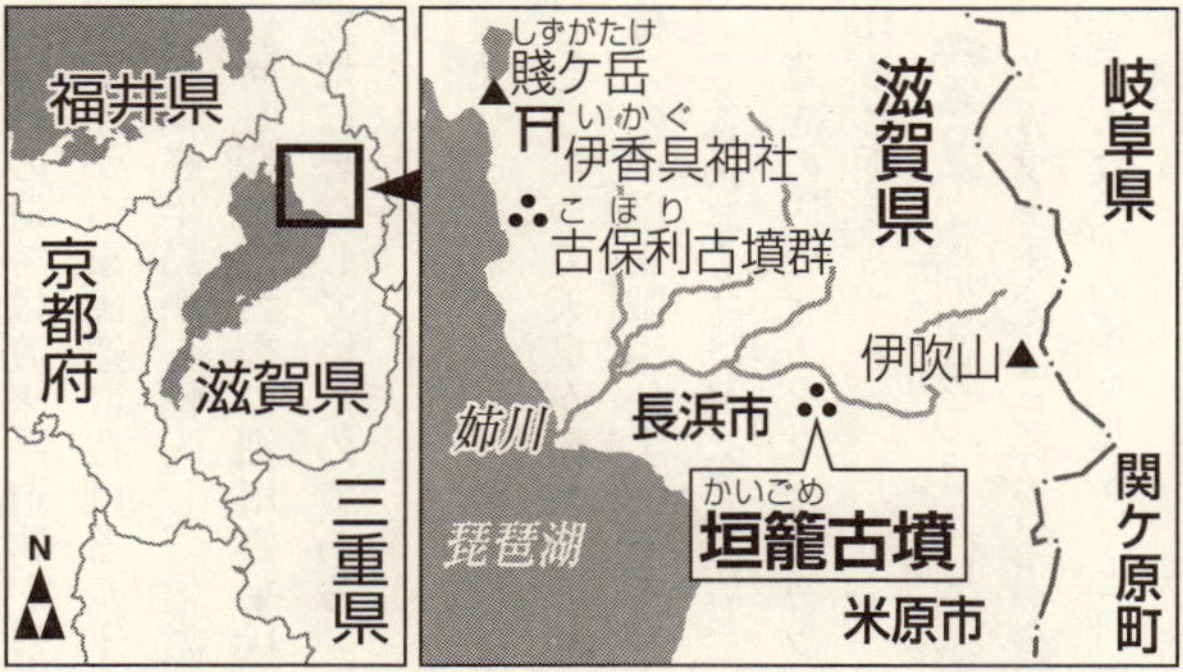

号《なづ》けて衣通郎姫《そとほりのいらつめ》と曰《まを》す〉

「オトヒメの美しさを妬んで名を言い渋る皇后と、半ば強引に言わせようとする天皇のかけひきを、書紀はうまく描いている。衣を通して光り輝く美しさとは、神聖な土地の巫女《みこ》がまとっているオーラの古代的表現ではないでしょうか」

明治大の堂野前彰子講師はそう話す。

〈時に弟姫、母に随《したが》ひて近江《ちかつあふみ》の坂田に在《あ》り。弟姫、皇后の情《みこころ》に畏《かしこ》みて、参向《まゐこ》ず。又重ねて七喚《ななたびめ》す。猶《なお》し固く辞《いな》びて至《まゐた》らず〉

天皇からのお召しを受けたオトヒメの事情と心境を日本書紀はそう書く。オトヒメがいた坂田は、滋賀県長浜市から米原市にかけての旧坂田郡である。長浜市の横山北部古墳群にある垣籠古墳《かいごめ》は、姉妹の父、若沼毛二俣王《わかぬけのふたまたのみこ》の墓と伝わっている。

「付近の遺跡は渡来系遺物が豊富。古墳群の被葬者は、琵琶湖に注ぐ姉川流域を治め、関ケ原から東山道に抜けるルートを押さえた首長と推定されます。最新兵器であった馬を朝鮮半島から輸入し、信濃に持ち込んだ勢力ではないか」

同県彦根市教委の細川修平氏はそう話す。オトヒメは、海外と東国をつなぐ交易の要地に暮らしていたのである。

〈喚《め》せども来《まゐこ》ず。汝《いまし》、自ら往《まか》りて、弟姫を召《め》し将《ゐ》て来。必ず敦《あつ》く賞《たまひもの》せむ〉

そう言って天皇が頼ったのは半世紀以上前、神功皇后の朝鮮出兵に従った舎人《とねり》（近侍）の中臣烏賊津使主《なかとみのいかつのおみ》である。イカツノオミは、オトヒメの庭で伏して、頼み込んだ。

〈「妾《やつこ》身亡《う》すと雖《いふと》も、参赴《まゐむ》かじ」〉

意志の固いオトヒメにイカツノオミは、使命を果たせなければ自分が極刑に処せられると訴える。

〈「返りて極刑《しぬるつみ》を被《かがふ》るよりは、寧《むし》ろ庭に伏して死なまくのみ」〉

イカツノオミはそう言って庭に伏せたまま、七日にわたって絶食したが、実際は〈密《ひそ》かに懐中《ふつころ》の糒《かれひ》を食《くら》ふ〉と日本書紀は書く。糒とは、ご飯を天日に干した兵士食である。

「歴代天皇に仕え、活躍した中臣氏の一員らしい伝承です」と皇学館大の荊木教授は話す。

〈「君《きみ》（天皇）の忠臣《ただしきひと》を亡《うしな》はむ。是亦《これまたわ》妾が罪なり」〉

オトヒメは根負けし、ついに都行きを決意する。

伊香具《いかぐ》神社

羽柴秀吉と柴田勝家が争った古戦場、賤ケ岳《しずがたけ》の麓にある神社で、主祭神の伊香津《いかつ》臣命《おみのみこと》は中臣氏の祖神、天児屋根命《あめのこやねのみこと》の子孫と伝わり、烏賊津使主と同一とされる。

伊香山《いかご》と呼ばれた賤ケ岳連山から琵琶湖に沿って連なる尾根上には、古墳時代の古墳約百三十基が築かれた古保利《こほり》古墳群があ伊香《いか》忠雄宮司によると、伊香津臣命に象徴される氏族、伊香連《いかごのむらじ》の墓地で、日本海と琵琶湖をつなぐ交易の掌握をうかがわせる。賤ケ岳山頂からは同古墳群と姉川流域の長浜平野が一望できる。

3

弟姫（下）深い寵愛 皇后の怒り買い

〈天皇、大きに歓びたまひて、烏賊津使主を美《ほ》めて敦《あつ》く寵《めぐ》みたまふ。然《しか》るに、皇后の色不平《みおもへりよくもあら》ず〉

イカツノオミの説得で弟姫（衣通郎姫）が上京した際、允恭天皇は喜んでイカツノオミを賞し、皇后の忍坂大中姫命は心穏やかでなくなった、と日本書紀は記す。このため天皇は、オトヒメを宮中に入れず、少し離れた藤原に殿屋《との》を構えて住まわせた。

〈大泊瀬天皇《おほはつせ》（二十一代雄略天皇）を産みたまふ夕《よひ》に適《あた》りて、天皇、始めて藤原宮に幸《いでま》す〉

天皇が初めてオトヒメを訪ねたのは、皇后が出産する夜だった。憤慨した皇后が産《うぶ》殿《どの》に火を放って死のうとし、天皇が慌てて謝罪したことは、二〇〇ページで紹介した通りである。

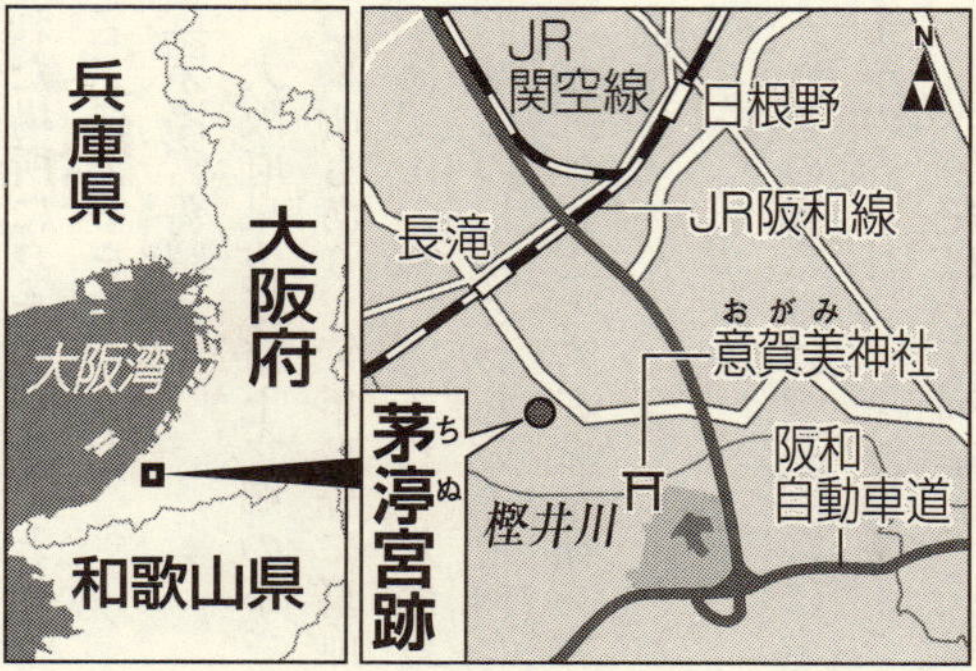

「オホナカツヒメの嫉妬は、皇太子の出産で保証されるはずの皇后の地位が、不安定であったと気づかされたことに起因する。そこには、自らの存在意義を子の出産にしか求められなくなった女性の姿がある」

明治大の堂野前彰子講師はそう指摘する。

〈花ぐはし　桜の愛《め》で　こと愛でば　早くは愛でず　我《わ》が愛づる子ら〉

冬から春となり、天皇は再び藤原宮にオトヒメを訪ね、歌った。オトヒメを桜の花に例え、早くから愛でていればよかったと詠んだ歌は、皇后の耳に入り、再び怒りを買う。

〈「冀《ねが》はくは、王居《おほみや》を離れて遠く居《はべ》らむと欲《おも》ふ。若《けだ》し、皇后の嫉《ねた》みたまふ意《みこころ》、少しく息《や》みなむか」〉

姉である皇后の怒りを和らげるため、都から離れた場所に身を引きたいと願うオトヒメのために天皇は、河内の茅渟《ちぬ》(和泉地方の古名)に宮室《おほみや》をつくった。

「茅渟宮舊蹟《きゅうせき》」

大阪府泉佐野市上之郷の小さな公園に、そう書かれた碑が立つ。園内にはオトヒメの墓所もあり、毎年春分に墓前祭が行われる。

「海、山の幸に恵まれ、水が豊かで農耕用のため池も多い。天皇が大切な女性を住まわせるのにふさわしい土地柄だと思います」

地元住民とともに墓前祭を営む意賀美《おがみ》神社(大阪府枚方市)の森川光信宮司はそう話す。

〈九年の春二月に、茅渟宮に幸す。秋八月に、茅渟に幸す。冬十月に、茅渟に幸す。十年の春正月に、茅渟に幸す〉

日本書紀はそう列挙し、天皇が度々、茅渟宮周辺の日根野で遊猟し、そのままオトヒメを訪ねたことを記す。

〈「妾、如毫毛《けのすえばかり》も弟姫を嫉むに非ず。(略)是百姓《これおほみたから》の苦《くるしび》ならむ」〉

皇后は、細い毛の先ほども嫉妬はしないが、度重なる行幸は人民の苦しみにならないか、と諌《いさ》めた。天皇は一年以上、行幸を見合わせた。十一年三月の行幸でオトヒメが天皇に贈った歌が日本書紀に載っている。

〈とこしえに　君もあへやも　いさなとり　海の浜藻《はまも》の　寄る時々を〉

海の浜藻がたまたま岸に寄ってくるように、まれであっても、その時だけでも会いたい――という歌は、現代人にも通じる人間性を感じさせる。

弟姫の足跡と中臣氏

日本書紀によると、允恭天皇のお召しで大和に入った弟姫は、倭《やまと》の春日（奈良市）に至り、櫟井《いちい》（奈良県天理市）で食事をして倭直吾子籠《やまとのあたいあごこ》の家にとどまった。その間、中臣氏の烏賊津使主は京《みやこ》（同県明日香村）で天皇に復命し、ヒメを藤原に住まわせた。

春日や櫟井は、多くの皇后を輩出した和《わ》邇《に》氏の本拠地。藤原は天香具山《あまのかぐやま》周辺の地で、祭祀《さいし》をつかさどった中臣氏の大和の拠点だ。茅渟宮も中臣氏一族と関わりが深いとされ、皇学館大の荊木教授は「足跡は中臣氏の勢力圏や活動の実態を反映している」と話す。

4

軽大郎女《かるのおほいらつめ》兄と妹、悲恋の果てに

〈天皇崩《すめらみことかむあが》りまし後、木梨之軽太子《きなしのかるのひつぎのみこ》を、日継《ひつぎ》知らしめすに定め〉

古事記は、允恭天皇の後継は皇后、忍坂之大中津比売命が産んだ第一皇子、カルノミコだったと書く。ところが、即位前に「事件」が起こった。

〈其のいろ妹軽大郎女《もかるのおほいらつめ》に奸《たは》け〉

カルノミコが、同母妹のカルノオホイラツメと結ばれたのである。オホイラツメは古事記が、体の光が衣を通して外に出るほどだとして衣通郎女《そとほりのいらつめ》の別名を書く美女だ。

この時代、異母兄妹の結婚は認められていたが、父母が同じ兄妹の恋愛はタブーだった。

〈百官《もものつかさ》と、天《あめ》の下の人等《ども》、軽太子を背《そむ》きて、穴穂御子《あなほのみこ》に帰《よ》りぬ〉

多くの官人や天下の民の心はカルノミコに背を向け、同母弟のアナホノミコに集

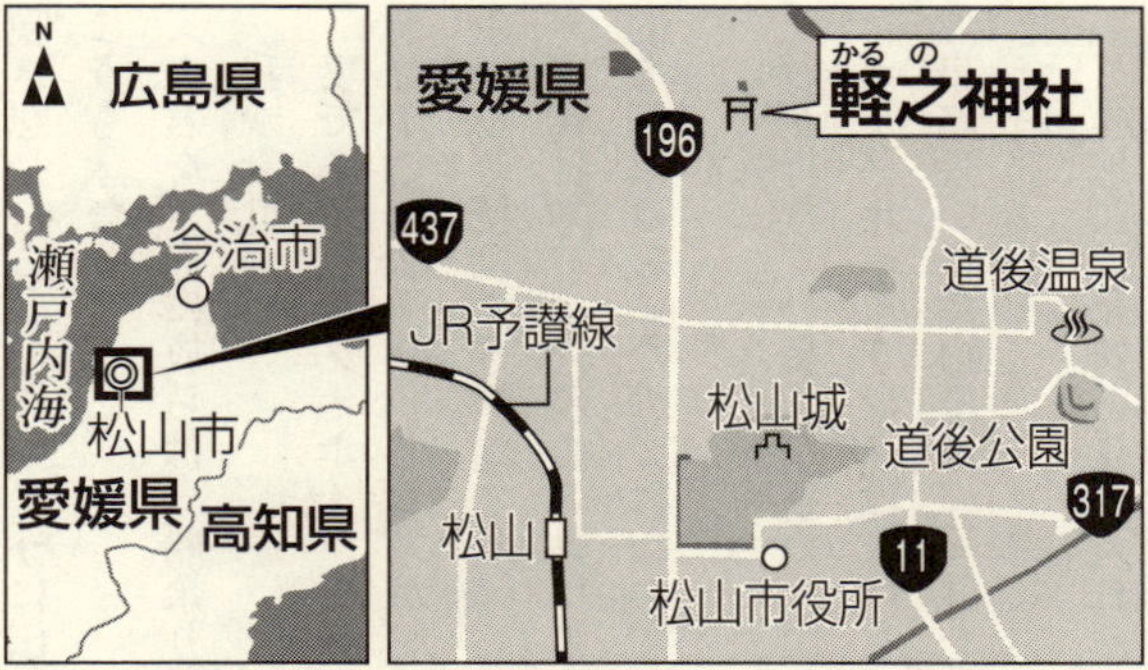

まった、と古事記は記す。苦境に立ったカルノミコは物部《もののべ》氏を頼って邸宅に逃げ込むが、アナホ軍に囲まれ、結局、物部氏に拘束され、引き渡された。

〈人は離《か》ゆとも　うるはしと　さ寝しさ寝てば
刈薦《かりこも》の　乱れば乱れ　さ寝しさ寝てば（人心が離れ、人の心が乱れるなら乱れよ。共寝さえできたなら）〉

カルノミコは、自らを肯定する歌を詠み、拘束された後も妹を想う歌を詠み続ける。

〈天飛《あまだ》む　軽の嬢子《をとめ》　いた泣かば　人知りぬべし
波佐《はさ》の山の　鳩の　下泣きに泣く〉

〈天飛む　軽嬢子　したたにも　寄り寝て通れ
軽嬢子ども〉

天高く飛ぶ雁をカルノオホイラツメになぞらえ、

嘆き悲しむことのないように伝える歌だ。伊予の湯（道後温泉）へ流刑になる際には、こうも詠む。

〈大君を　島に放らば　船余り　い帰りこむぞ　我が畳ゆめ　言をこそ　畳と言はめ
我が妻はゆめ〉

妻であるカルノオホイラツメに、本来は大君である自分を待つようにと言い聞かせる内容である。古事記は、カルノミコが詠む歌を八首も記す。その意味を共栄大の壬《み》生《ぶ》幸子教授はこう推論する。

「古代日本では近親婚のタブー意識は薄く、これを忌避する儒教思想の受容後も心情的な理解は続いたのではないでしょうか」

〈君が行き　日長くなりぬ　山たずの　迎へを行かむ　待つには待たじ〉

カルノオホイラツメは、待ちきれない心情を詠んでカルノミコの後を追った。道後温泉に近い松山市姫原《ひめばら》に兄妹を祭る軽之《かるの》神社があり、一対の石塔、比翼《ひよく》塚が悲恋を伝えている。

「この地には兄妹を受け入れる集団があり、心を痛めた母の皇后の思いを伝承として語り継いできた人々がいたのでしょう」

同市在住の日本考古学協会会員、重松佳久氏はそう話す。流罪地には、允恭天皇が皇后のために設けた刑部《おさかべ》という軍事集団が存在したという。

〈共に自ら死にき〉

天皇夫妻ゆかりの地での兄妹の最期を、古事記は簡略に、そう記している。

古事記は心中、書紀は自害

日本書紀は、密通の発覚後、カルノミコが皇太子で罰することができないため、カルノオホイラツメを伊予に流したとしている。カルノミコは暴虐を行うなど非道性が強調され、人心が離れ、家臣も失ったあげく、物部邸でアナホノミコの軍に包囲され、そこで自害したと書いている。

衣通郎姫（古事記は衣通郎女）はカルノオホイラツメとは別人で、皇后の妹で允恭天皇の妃となる弟姫として登場する。古事記は、兄妹の悲恋を心中で終わらせて文学的な余韻を残すが、書紀は比較的淡々とした記述で、史実として記す構成を取っている。

5 長田大郎女《ながたのおほいらつめ》皇位継承に関わった大后

木梨之軽太子《きなしのかるのひつぎのみこ》の死で允恭天皇の跡は第三皇子の穴穂御子《あなほのみこ》（二十代安康《あんこう》天皇）が継ぐが、古事記はこの天皇の皇后の悲劇も記している。

皇后の名は長田大郎女《ながたのおほいらつめ》。允恭天皇の御子にも同じ名の女王がいるが、十七代履中《りちゅう》天皇の御子と考えられている女王である。

事件の発端は天皇が、末弟の大長谷王子《おほはつせのみこ》の妻に大日下王《おほくさかのみこ》の妹、若日下王《わかくさのみこ》を求めたことだった。兄妹は十六代仁徳天皇の御子。天皇にとっては叔父、叔母に当たる。オホクサカは承諾して金の冠を献上したが、使者が冠を横領し、無礼な言葉で断られたと報告した。

〈天皇いたく怨《うら》みたまひ、大日下王を殺して、其の王の嫡妻《むかひめ》（正妻）長田大郎女を取り持ち来、皇后と為《し》たまふ〉

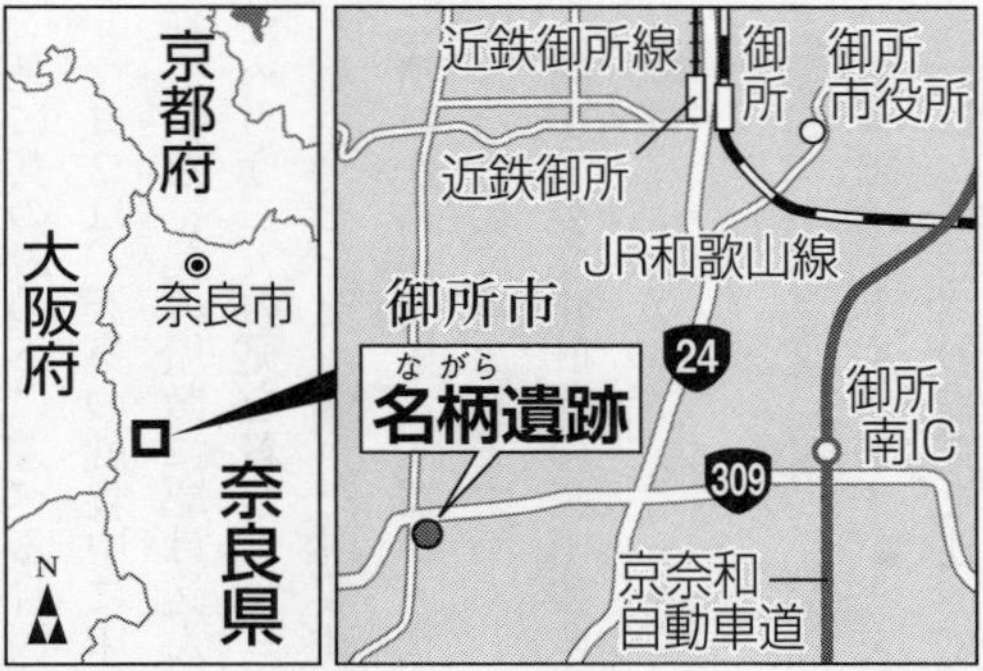

「安康天皇は、即位後の性格や行動に問題があったことが、古事記から数多く読み取れるのではないか」

国学院大の山崎かおり兼任講師はそう話す。

天皇は次の問題を、オホイラツメを連れ子の目弱王《まよわのみこ》とともに宮殿に迎えた後に起こした。

「汝《な》が子目弱王、人と成りたらむ時に、吾其の父《ちち》王《みこ》を殺ししことを知りなば、還《かへ》りて邪《きたな》き心有らむと為《す》るか」

七歳のマヨワが成人して事実を知れば、謀反を起こすのではないかと心配する言葉を天皇は、オホイラツメと昼寝をしていた時に漏らした。天皇の気弱と正直さを示す逸話だが、タイミングが悪すぎた。マヨワは宮殿の床下で遊んでいたのである。

〈是に其の殿の下に遊べる目弱王、此の言を聞き取る〉

マヨワは、天皇の就寝中に床のそばにあった太刀で天皇の首を打ち、葛城氏の大臣、都夫良意冨美《つぶらおほみ》の屋敷に駆け込んだ。天皇の末弟のオホハツセは、マヨワを討つことをためらう二人の兄を殺し、マヨワとツブラオホミを自害に追い込む。ツブラオホミがオホハツセを迎え撃った屋敷は、奈良県御所市の名柄《ながら》遺跡周辺にあったと推定される。

「遺跡から出土する土器は五世紀後半頃のもの。雄略天皇の代で、葛城氏の滅亡していった時代に当たります」

同市教委文化財課の藤田和尊《かずたか》課長はそう話す。事件は、朝廷勢力の交代につながるものでもあったのだ。

〈「天皇の敦《あつ》き沢《めぐみ》を被《かぶ》り、何か思ふところ有らむ」〉

古事記はオホイラツメが、夫を殺した天皇が自分を皇后にし、息子を引き取ってくれたことに感謝の言葉を述べていたと記す。その天皇を息子が殺し、息子まで失った結末について、オホイラツメがどう思っていたかを示す記述は何もない。

山崎氏は、古事記が事件の記述でオホイラツメを〈大后〉と書いていることに注目する。この字が当てられるのは初代神武天皇の皇后、伊須気余理比売《いすけよりひめ》や仁徳天皇の皇后、石之日売命《いはのひめのみこと》ら八人しかいない。「皇位継承問題に間接的に関わることになり、重要な存在だと、古事記の編纂《へんさん》時代には認識されていたのでしょう」

都夫良意冨美の抵抗

マヨワを討とうとして押し寄せたオホハツセに対してツブラオホミは、武装を解いて屋敷を出て、八回も拝礼した。そして娘と私有地を献上することを申し出たが、マヨワを引き渡すことだけは固く拒んだ。

「己《おのれ》を恃《たの》み、隋《ともひと》（臣下）の家に入り坐《ま》せる王子は、死ぬとも棄てまつらじ」

そう言うと、再び武装して矢が尽きるまで戦った。全身に矢傷を負った後は、マヨワに決心を問うた。

「然《しか》らば更に為《す》べきこと無し。今は吾を殺せ」

そう言うマヨワを刺し、ツブラオホミは自らの首を切った。

忍坂に立つ玉津島明神。允恭天皇を支えた皇后ゆかりの地だ（奈良県桜井市）本文 201 ページ

カルノオホイラツメと兄の悲恋を伝える比翼塚（愛媛県松山市）
本文 212 ページ

允恭天皇がオトヒメのためにつくった茅渟宮の跡に立つ石碑（大阪府泉佐野市）本文 208 ページ

第十章

二十一代雄略天皇

二十代安康《あんこう》天皇の同母弟。安康天皇が皇后の連れ子、目弱《まよわの》王《みこ》に暗殺された後、復讐に消極的だった兄二人を殺害。目弱王をかくまった葛城氏の長も討って、即位した。履中《りちゅう》天皇の子も謀殺し、仁徳天皇の系譜を継ぐ唯一の存在になって地位を盤石にした。豪華すぎる地方豪族の家を焼こうとするなどの横暴な姿が伝えられている。

1

若日下部王《わかくさかべのみこ》謝罪の白い犬で求婚快諾

〈初め太后《おほきさき》、日下《くさか》に坐《いま》しし時に、日下の直越《ただこえ》の道より、河内《かふち》に幸行《い》でましき〉

古事記は二十一代雄略《ゆうりゃく》天皇の物語を、太后（皇后）となる若日下部王《わかくさかべのみこ》へのプロポーズの伝承から始める。日下は生駒山西麓の傾斜地で、日下神社のある大阪府東大阪市日下町付近と考えられる。天皇は、十六代仁徳《にんとく》天皇と日向出身の髪長比売《かみながひめ》の娘であるワカクサカベに会うため、奈良盆地から生駒山地を越えていくのである。

「古代の日下はかつて、瀬戸内海を東進する航路の終着地であり、海を通じて西方の世界とつながっていた」

同市立郷土博物館の中西克宏学芸員はそう話す。周辺は「神武東征」の戦いの舞台。天皇は、初代神武天皇ゆかりの地に住む女性を皇后にしようとしたのだ。

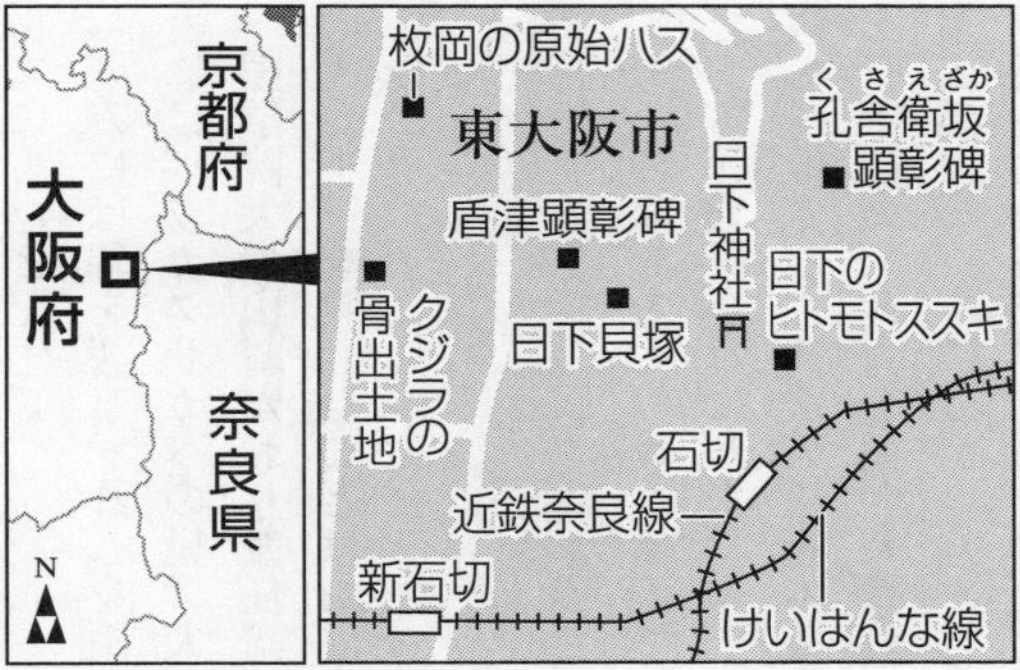

行幸の途中、天皇を激怒させる事件が起こる。屋根に堅魚木《かつおぎ》を上げた屋敷があったためだ。志幾（河内の一部）を治める豪族、大県主《おほあがたぬし》の屋敷だった。

〈「奴《やつこ》や、己《おの》が家を、天皇の御舎《みあらか》に似せて造れり」〉

天皇に並ぶ豪邸を構える無礼に怒った天皇は、屋敷を焼き払おうとした。大県主は、地に頭をつけて許しを請うた。

〈「過《あやま》ち作れるは、いたく畏《かしこ》し。故《かれ》のみの御幣《みまひ》の物を献《たてまつ》らむ」〉

献上品は、布をかけ鈴をつけた白い犬だった。天皇は大県主を許し、犬をワカクサカべに贈った。

〈「是《こ》の物は、今日道に得つる奇《あや》しき物ぞ。故つまどひの物」〉

古事記は天皇が、のみの御幣の物（敬礼の意の贈り物）をつまどひの物（求婚のしるしの贈り物）にしたと記す。

「のみには罪を謝し、許しを請う意味がある。そのための贈り物を求婚に転用したことには、ワカクサカベの兄、大日下王《おほくさかのみこ》が殺されたことへ謝罪の意がこめられている」

国学院大の山崎かおり兼任講師はそう話す。雄略天皇の兄、二十代安康《あんこう》天皇が無実の大日下王を殺したことは第九章で紹介したが、その過ちを踏まえた行動という指摘である。


〈「日を背に幸行でましし事、いたく恐《かしこ》し。故己直《おのれただ》に参上《まゐのぼ》りて仕へ奉《まつ》らむ」〉

天皇の求婚を、ワカクサカベは快諾した。兄の愚挙を謝罪する求婚が功を奏したのである。太陽を背にしてやって来た天皇に恐縮したと口にするのは、生駒山を西から攻めて敗走した神武天皇軍の故事を彷彿《ほうふつ》させ、ワカクサカベの聡明さを示唆している。

〈日下部の　此方《こち》の山と　畳薦《たたみこも》　平群《へぐり》の山の　此方此方《こちごち》の　山の峡《かひ》に　立ち栄《ざか》ゆる　葉広熊白檮《はびろくまかし》　本《もと》には　いくみ竹生《お》ひ　末へには　たしみ竹生ひ……〉

天皇は帰路、密生する竹で近づきがたいクマカシにワカクサカベを重ね、皇后を得た喜びを歌う。

「天孫降臨の日向ゆかりのワカクサカベには、天皇が日の御子《みこ》であることを保証する役割があった。勇猛な雄略天皇でさえ思い通りにできない立場のヒメだったことが表現されている」

山崎氏はそう話す。

河内湖に面した古代の日下

日下《くさか》貝塚やマッコウクジラの骨が出土する東大阪市の日下地域は、縄文時代は河内湾、弥生時代以降は河内湖に面していた。近世に湖は消えたが現在も、本来は水辺に咲く「枚岡《ひらおか》の原始ハス」（府天然記念物）や海岸に群生する「日下のヒトモトススキ」（市天然記念物）が自生する。上町台地で外洋と隔てられた風光明媚《めいび》な河内湖の湖岸風景が想像される。

一方で日下地域には、神武天皇が上陸した「盾津」や先住民のナガスネビコと戦った「孔舎衛坂《くさえざか》」の伝承があり、交通、軍事の要地だったことも示唆する。

2 韓比売《からひめ》 仇に嫁ぎ名門の血を残す

〈都夫良意冨美《つぶらおほみ》が女《むすめ》、韓比売《からひめ》に娶《あ》ひて、生《あ》れませる御子、白髪命《しらかのみこと》……二柱〉

古事記は、太后（皇后）の若日下部王に続く二十一代雄略天皇の妻としてカラヒメの名を記し、ヒメが二十二代清寧《せいねい》天皇となる御子ら二人を産んだと書く。しかし、そこまでの経緯は尋常ではない。ヒメは父の仇《かたき》に嫁ぎ、子をなしたのである。

ヒメの悲劇は、二十代安康天皇を討った七歳の目弱王《まよわのみこ》がツブラオホミの屋敷に駆け込んだことで始まった。まだ大長谷王《おほはつせのみこ》と呼ばれていた天皇は、兄の仇を討つためにツブラオホミの屋敷を取り囲み、さんざんに矢を射かけた。ころ合いを見て天皇は、矛を杖として屋敷内に言い放った。

「〈我が相言《あひい》へる嬢子《をとめ》は、もし此の家に有りや」〉

ヒメがすでに天皇の妻となることが決まっていて、その父を天皇が攻めていること

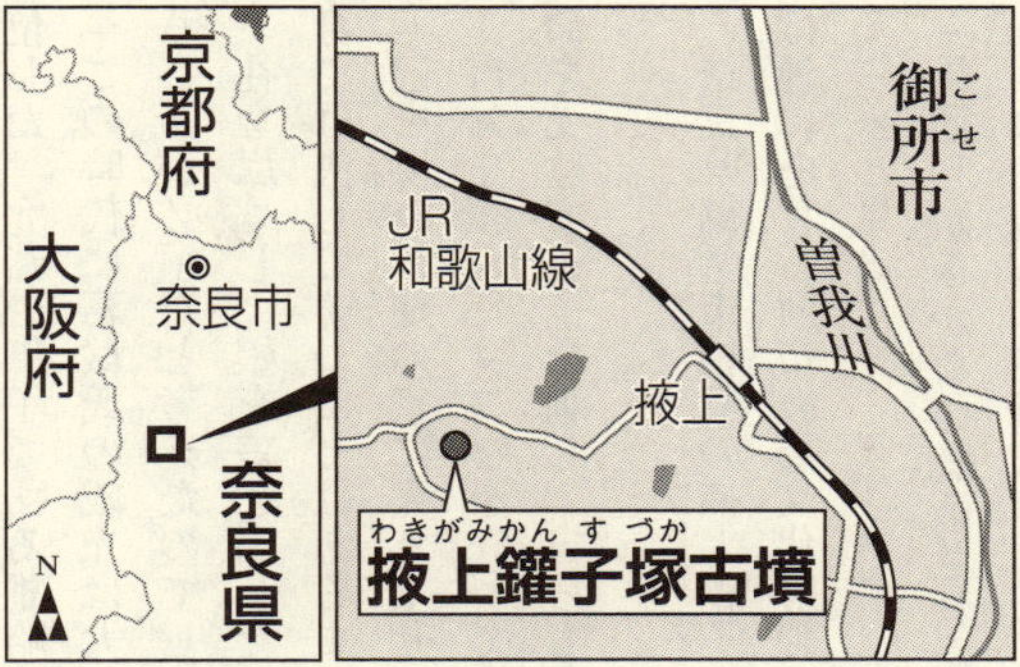

を物語る言葉である。

〈「先の日に問ひ賜へる女子《むすめ》訶良比売《からひめ》は、侍《はべ》らむ」〉

ツブラオホミは武装を解いて天皇の前に現れ、八度も拝礼してそう答えた。娘を求婚に従わせると承諾したのだ。ツブラオホミはさらに、五カ所の領地を献上することも申し出た。

「いかに力があろうともツブラオホミは臣下で、オホハッセの要求を拒むことなどできない関係だったことがわかる」

龍谷大の平林章仁元教授はそう話す。ツブラオホミは葛城《かづらき》氏の宗家で、葛城氏は奈良盆地の南西部を本拠とする名門豪族。皇室とは深い姻戚関係で結ばれていた。象徴は、十六代仁徳天皇の皇后になった石之日売命《いはのひめのみこと》で、皇后が産んだ御子は十七代履中《りちゅう》、十八代反正《はんぜい》、十九代允恭《いんぎょう》として次々と即位した。允恭の御子である雄略天皇も葛城氏の血は濃い。

「この時代に葛城氏の威光は大きい。オホハツセは即位のためにも、葛城氏の妃を得ることが必須だと考えたのでしょう」

礼を尽くし、娘を差し出したツブラオホミはここから、意外な行動を取る。臣下の身では決して勝つことはあるまいが、と前置きして最後まで戦うと告げるのである。

「己《おのれ》を恃《たの》み、随《ともひと》の家に入り坐《ま》せる王子《みこ》は、死ぬとも棄《う》てまつらじ」

自分を頼ったマヨワを守って全身に傷を負い、矢が尽きるまで戦った末、マヨワの命を受けて王子を刺し、自らも命を絶った。

奈良県御所《ごせ》市柏原の掖上鑵子塚《わきがみかんすづか》古墳。墳長一五〇メートルの前方後円墳は小さなくぼ地にあり、同市教委文化財課の藤田和尊《かずたか》課長は、葛城氏の残党が築いたツブラオホミの墓と見る。

「見通しがきかない隠蔽《いんぺい》されたような場所にあるのは、奈良盆地に堂々とつくれなかったからでしょう」

日本書紀は、焼けた屋敷跡からツブラオホミの骨を選び出すこともできず、一つの棺《ひつぎ》に合葬したと書く。ヒメは、父と自らの運命をどう思っていただろうか。

「オホハツセの求婚を、目の前で父が認めた。妃になれば葛城氏の血を残すこともできる。そう考えたのではないでしょうか」

平林氏はそう推測する。

葛城氏の女性たち

古事記は、十五代応神《おうじん》天皇の後宮に入った葛城の野伊呂売《ののいろめ》が御子を産んだと記す。平林氏によると、応神から二十五代武烈《ぶれつ》までの十一代のうち、安康と武烈を除く九代の天皇が葛城氏の女性を母か妃とした。四世紀末から五世紀代の天皇は、葛城氏の女性なくして地位を保つことが難しい状況だったという。

ツブラオホミの滅亡で葛城氏は、衰退の一途をたどる。代わって勢威を競うのは大伴氏、物部氏、蘇我氏など大和東部を本拠地とする豪族たちで、天皇の外戚となることを競った点は葛城氏と同様だった。

3

赤猪子《あかゐこ》結婚の約束を八十年待ち続け

政略結婚を繰り返す二十一代雄略天皇の不思議な恋の相手として、古事記が書くのが引田部赤猪子《ひけたべのあかゐこ》である。三輪山（奈良県桜井市）に接する川で、衣を洗う美しい童女として登場する。

〈「汝《な》は誰が子ぞ」〉

〈「己《おの》が名は引田部赤猪子と謂《い》ふ」〉

〈「汝、夫に嫁《あ》はずあれ。今喚《め》してむ」〉

大三輪朝臣の支族の巫女《みこ》だと名乗る童女に天皇は、やがて迎えに来るから結婚するなと命じて帰った。が、何の音沙汰もないまま八十年が過ぎた。アカヰコはせめて、衰えた姿を天皇に見せようと、多くの進物を持って参内した。

〈「汝は誰が老女《おみな》ぞ。何の由《ゆゑ》にか参来《き》つる」〉

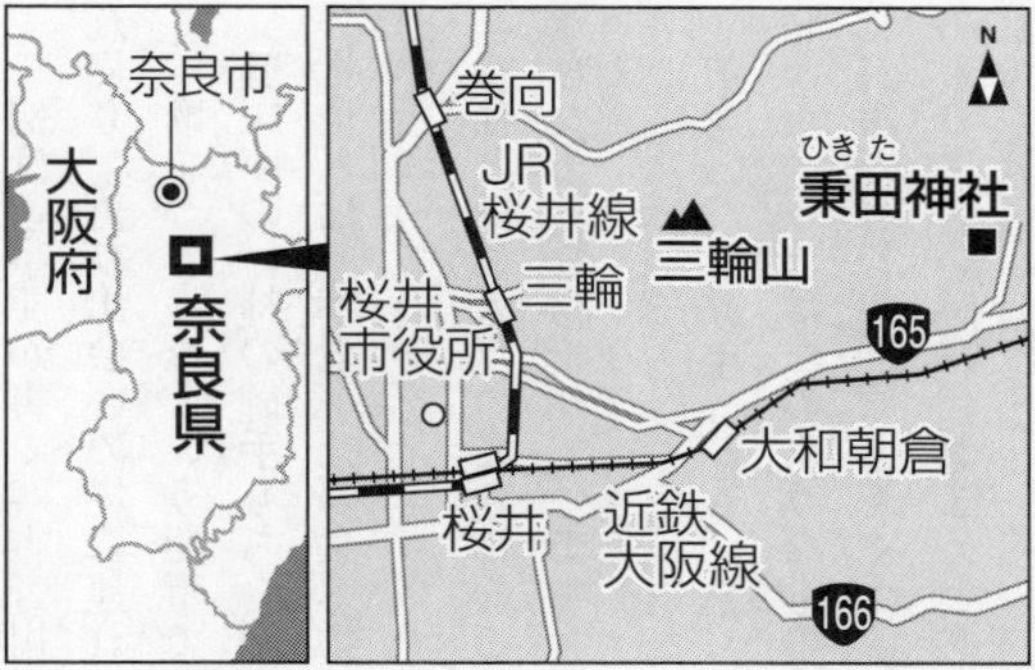

〈「己が志を顕《あらは》し白《まを》さむとして、参出でつらくのみ」〉

一筋の心だけは打ち明けたくて参内したと聞いた天皇は驚き、約束を全く忘れていたことを告げた。

〈「汝志を守り命《みこと》を待ち、徒《いたづ》らに盛りの年を過ぐししこと、是《こ》れいたく愛《めぐ》く悲し（いとおしく悲しい）」〉

「不思議な話です。八十年たってアカキコは老女になっているのに、天皇は出会った頃と変わっていないように書かれている。神仙思想の不老不死にのっとっていると解釈できる」

　奈良県立図書情報館の千田稔館長はそう話す。古事記や日本書紀では、道教の神仙思想が、雄略天皇に即して語られているという指摘だ。

一例は古事記が書く「吉野川の浜」だ。吉野宮に行幸する途中で出会った童女を連れ帰り、再び出会いの場に連れて行って舞を所望したところ、その舞があまりに美しく、歌をつくったという記事である。

〈呉床座《あぐらゐ》の　神の御手もち　弾く琴に　儛《まひ》する女《をみな》　常世《とこよ》にもがも〉

常世とは、不老不死の食べ物や薬がある神仙世界のことで、天皇はここに永遠にいたいと歌っている。

「神仙とは仙人、つまり神のこと。古事記が編纂《へんさん》された奈良時代、雄略天皇が英雄視されたことを物語っています」

年老いたアカヰコを哀れんだものの、天皇は結婚しようとは思わず、二首の歌を贈った。一首は次のようなものだ。

〈引田《ひけた》の　若栗栖原《わかくるすばら》　若くへに　率寝《ゐね》てましもの　老いにけるかも〉（引田の若い栗林のように若い時に、おまえと共寝すればよかったものを、こんなに老いてしまったとは）

アカヰコは涙で着物の袖を濡らし、返歌した。

〈日下江《くさかえ》の　入り江の蓮《はちす》　花蓮《はなばちす》　身の盛り人　羨《とも》しきろかも〉

皇后になった若日下部王を蓮の花にたとえ、その盛りの美しさをうらやむ歌である。「皇后の美しさをたたえるのは、時の流れを経ても変わらない雄略天皇賛美につながっている」

昭和女子大の烏谷《からすだに》知子教授はそう話し、アカヰコの心理をこう推測する。

「天皇の若き日の激しい恋情と、それをなし得なかった後悔が示されたことで鬱積した思いが慰められたのではないでしょうか」

赤猪子の正体

雄略天皇に問われてアカヰコが名乗った「引田部」は、三輪氏の支族に由来しており、アカヰコは三輪山の神に仕える巫女、奈良県桜井市の大神《おおみわ》神社の巫女だったと考えられる。また、川のほとりで天皇と出会うことから、水の祭祀《さいし》にも通じていたとされる。

アカヰコにゆかりがあると考えられるのは秉田《ひきた》神社（同市）。大神神社のご神体である三輪山の東に鎮座し、延喜式神名帳にある「曳田神社」に当たるとされる。曳田はかつて、「引田」あるいは「辟田」とも書かれた。

4

三重の婇《うねめ》　故事詠み天皇の怒り鎮め

〈天皇、長谷《はつせ》の百枝槻《ももえつき》の下に坐《いま》して、豊楽為《とよのあかりし》たまひし時に、伊勢国の三重の婇《うねめ》、大御《おおみ》盞《さかづき》を指挙《ささ》げて献《たてまつ》る〉

二十一代雄略天皇の長谷朝倉宮があったとされる三輪山南麓（奈良県桜井市）で、枝振りの見事なケヤキの木陰で酒宴が催されたことを古事記は記す。天皇に酒杯を捧げたのは、三重出身のウネメ（天皇に奉仕した下級の女官）だった。

〈天皇、其の盞に浮ける葉を看行《みそこな》はし、其の婇を打ち伏せ、刀《たち》を以《も》ち其の頸《くび》に刺し充《あ》て、斬らむとしたまふ〉

酒杯にケヤキの葉が落ちたことに気づかず、ウネメが献上したことが、天皇の逆鱗に触れた。

「当時の三重は現在の県域より小さく、目立った豪族もいなかった。ウネメの王宮で

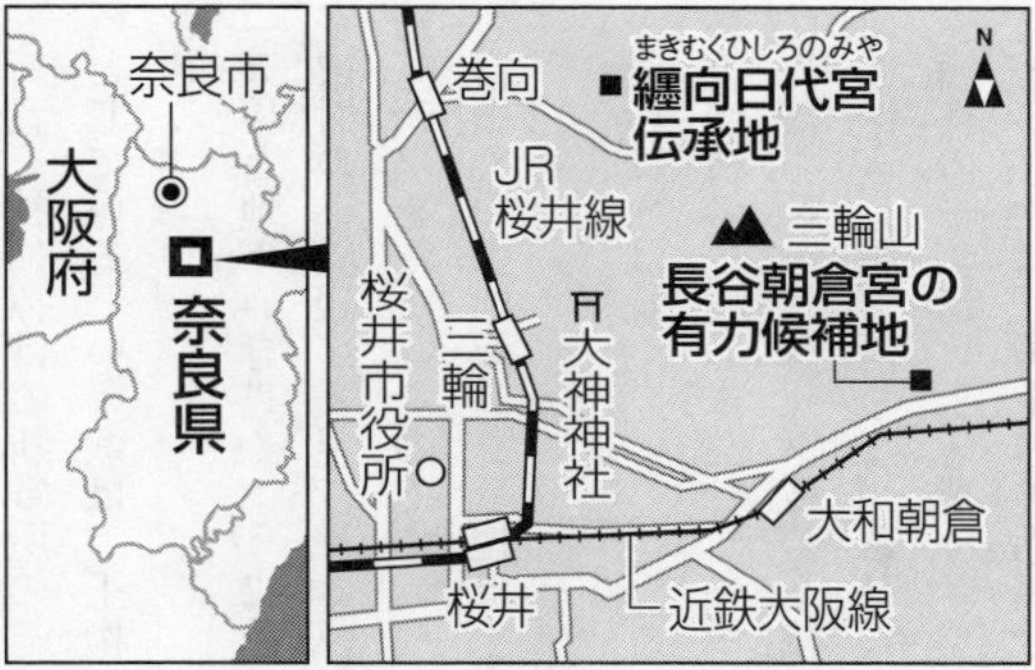

の立場は強くなかったのかもしれません」

四日市市采女《うねめ》町の「うつべ町かど博物館」の東川修館長は、落ち葉一枚で死に直面したウネメの地位を、そう想像する。同町は、古事記が書くウネメの出身地と伝承される。

〈「吾《やっこ》が身をな殺したまひそ。白《まを》すべき事有り」〉

ウネメは命ごいし、歌を詠む。

〈纒向《まきむく》の　日代宮《ひしろのみや》は　朝日の　日照る宮　夕日の　日翔《がけ》る宮　竹の根の　根足《だ》る（地下に満ちている）宮……〉

三輪山の北西麓にあった十二代景行《けいこう》天皇の日代宮をたたえ、こう続けた。

〈新嘗屋《にひなへや》に　生い立てる　百足《ももだ》る　槻が枝《え》は　上《ほ》つ枝は　天《あめ》を覆《お》へり　中つ枝は　東《あづま》を覆へり　下《しづ》枝は　鄙《ひな》を覆へり〉

新穀を神に捧げる新嘗屋のそばに茂るケヤキは、天を覆い、地上界の辺境をも覆おうとしているという歌は、王権の版図を広げた景行天皇と息子の倭建命《やまとたけるのみこと》の偉業を彷彿させる。

「天界と地下界を貫くようにそびえ、地上世界を覆う樹木を王権のシンボルとみなす宇宙樹《うちゅうじゅ》の世界観が表現されている。ウネメは、宇宙樹の下に座す偉大な帝王として、雄略天皇をたたえたのです」

富山大の山口博名誉教授はそう話す。

さらに歌は続く。

〈上つ枝の　枝の末葉《うらば》は　中つ枝に　落ち触らばへ　中つ枝の　枝の末葉は　下つ枝に　落ち触らばへ　下枝の　枝の末葉は　あり衣《きぬ》の　三重の子が　捧がせる　瑞玉盞《みずたまうき》に　浮きし脂《あぶら》　落ちなづさひ　水《みな》こをろこをろに〉

酒杯の一葉は、天を覆うケヤキの葉が東や鄙を覆う枝葉に次々と触れて落ちたものだという歌は、国生み神話へと続く。イザナキノミコトとイザナミノミコトが天の沼《ぬ》矛《ほこ》で、海水を「こをろこをろ」とかき回して最初の島ができたという神話である。

天皇は、ウネメを許し、皇后の若日下部王とともに、天下の充足をことほぐ歌を続けた。

「ウネメは神々の故事を語る天語部《あまがたりべ》という職掌で、新嘗祭祀などで王権の権威を支え、武のイメージの強い雄略天皇でさえ一目置かざるを得なかったことを物語っています」

山口氏はそう話す。

宇宙樹

天上、地上、地下の三界を貫き、そびえ立つと考えられた樹木信仰。ユーラシア北方のシャーマニズムに色濃い。世界樹ともいう。山口氏によると、王権のシンボルとしての思想が、前二五世紀のシュメール都市国家ラガシュ（イラク）の石壷断片にすでに見られる。

南シベリアの騎馬民族などの王冠に樹木状飾りとして具現化。藤ノ木古墳（奈良県斑鳩町《いかるがちょう》）の金銅製冠に同様の飾りがある。乙巳《いっし》の変（六四五年）後、孝徳天皇が飛鳥寺の大槻の下で発した言葉（「天は覆い、地は載す」）（日本書紀）に世界観が発露されている。

5 飯豊王《いひどよのみこ》 幻の女帝 皇統断絶防ぐ

〈天皇崩《かむあが》りましし後、天の下治《し》らすべき王《みこ》無し。是《ここ》に日継《ひつぎ》知らす王を問う〉

古事記は、二十一代雄略天皇が自らの皇位継承を脅かす皇族を次々と葬り去ったため、子の二十二代清寧天皇が子を残さずに崩御すると継承者がおらず、群臣が有資格者を探したと書く。

〈市辺忍歯別王《いちのへのおしはわけのみこ》の妹《いろも》、忍海郎女《おしぬみのいらつめ》、またの名は飯豊王《いひどよのみこ》、葛城《かづらき》の忍海《おしぬみ》の高木角刺宮《たかきのつのさしのみや》に坐《いま》す〉

皇統存続の危機に白羽の矢が立ったのが、雄略天皇に殺された忍歯王の妹、飯豊王《いいどよのみこ》だと古事記は続ける。忍歯王は十七代履中天皇の子で、雄略天皇の最大のライバル。その子の二王子は、忍歯王が殺された時、身の危険を感じて逃亡していたため、群臣が飯豊王に政務を託したのだ。

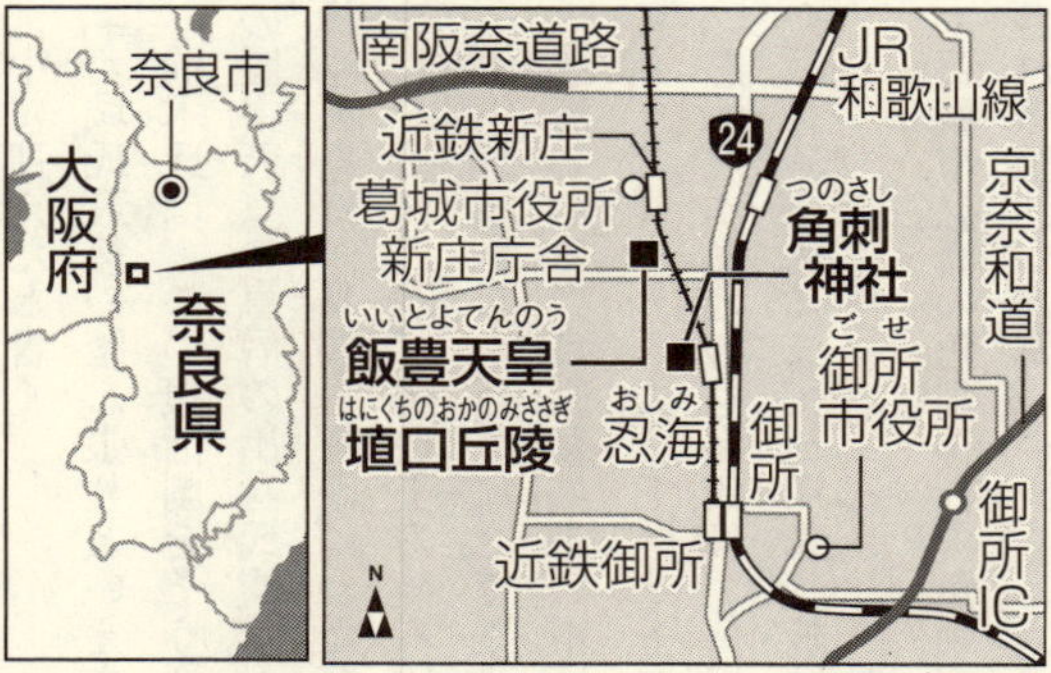

「雄略天皇は皇位を狙っていると疑った人物を抹殺しましたが、男性ではない飯豊王は難を逃れたのでしょう。履中天皇の子ですので、女性であることを除けば、皇位に最もふさわしい人物でした」

皇学館大の荊木美行《いばらきよしゆき》教授はそう説明する。

「即位は曖昧ですが、大権を一時掌握したことは間違いありません。十四代仲哀天皇の崩御後、摂政を務めた神功皇后《じんぐう》のような存在だった可能性もあります」

〈是《ここ》に其の姨《をば》飯豊王、聞き歓《よろこ》びたまひて、宮に上《のぼ》らしめたまふ〉

古事記は、飯豊王が、逃走していた二人の甥《おい》、意祁王《おけのみこ》（二十四代仁賢《にんけん》天皇）と袁祁王《をけのみこ》（二十三代顕宗《けんぞう》天皇）が播磨で名乗り出たとの報告に喜び、宮中に迎えたと書く。

「葛城氏最後の踏ん張りといえます」

荊木氏は、この復活劇をそう評する。葛城氏は、十六代仁徳天皇の皇后と、その子の履中天皇の皇后の出身氏族。忍歯王は、履中天皇と皇后の間に生まれた御子だった。雄略天皇は、目弱王《まよわのみこ》をかばった葛城氏の宗家を滅ぼし、忍歯王も殺害したが、これに対して葛城氏が、飯豊王の後ろ盾として巻き返しを図ったという指摘である。

〈忍海部造細目《おしぬみべのみやつこほそめ》が新室《にひむろ》にして……〉

忍海《おしみ》のある奈良県葛城市の市歴史博物館の神庭《かんば》滋学芸員は、兄弟が播磨の忍海一族の新居で見つかったと日本書紀に記されることに注目し、こう推測する。

「忍海が本拠地の忍海氏は、葛城氏グループの有力氏族で、播磨にも勢力がありました。脅威が去るまで兄弟を氏族ネットワークで保護していたのかもしれません」

葛城市忍海の角刺《つのさし》神社。角刺宮跡と伝わる神社の境内には、飯豊王が姿を映したとされる鏡池がある。

〈萬民《よろずたみ》を恵み給ふ御心深く座坐し、且《かつ》風流を好ませ給ふ〉

神社に残る角刺宮略伝記は、飯豊王が民を大切に思う心が深く、風流を好んだと伝える。神庭氏はこう語る。

「飯豊王は、内乱を招きかねない皇統の断絶を防いだ女性として、地元で大切に語り継がれています。ただ担がれたのではなく、万人のため自ら政治を担ったのではないでしょうか」

飯豊天皇

〈葛城埴口丘陵《かづらきのはにくちのをかのみささぎ》に葬《はぶ》りまつる〉

日本書紀は、飯豊青皇女《いひどよのあをのひめみこ》（飯豊王）が死後、天皇の埋葬場所を意味する「陵」に葬られたと記す。この陵墓は奈良県葛城市北花内の北花内大塚古墳とされ、「飯豊天皇《いいとよてんのう》埴口丘陵《はにくちのおかのみささぎ》」として宮内庁に管理されている。

平安期の『扶桑略記《ふそうりゃくき》』は「飯豊天皇」と表記。古事記は下巻冒頭で十六代仁徳天皇から三十三代推古《すいこ》天皇まで十九天皇を数えると記すが、飯豊王を加えないと十九人にならない。これらは、日本初の女帝とされる推古天皇より以前に、幻の女帝がいた可能性を物語る。

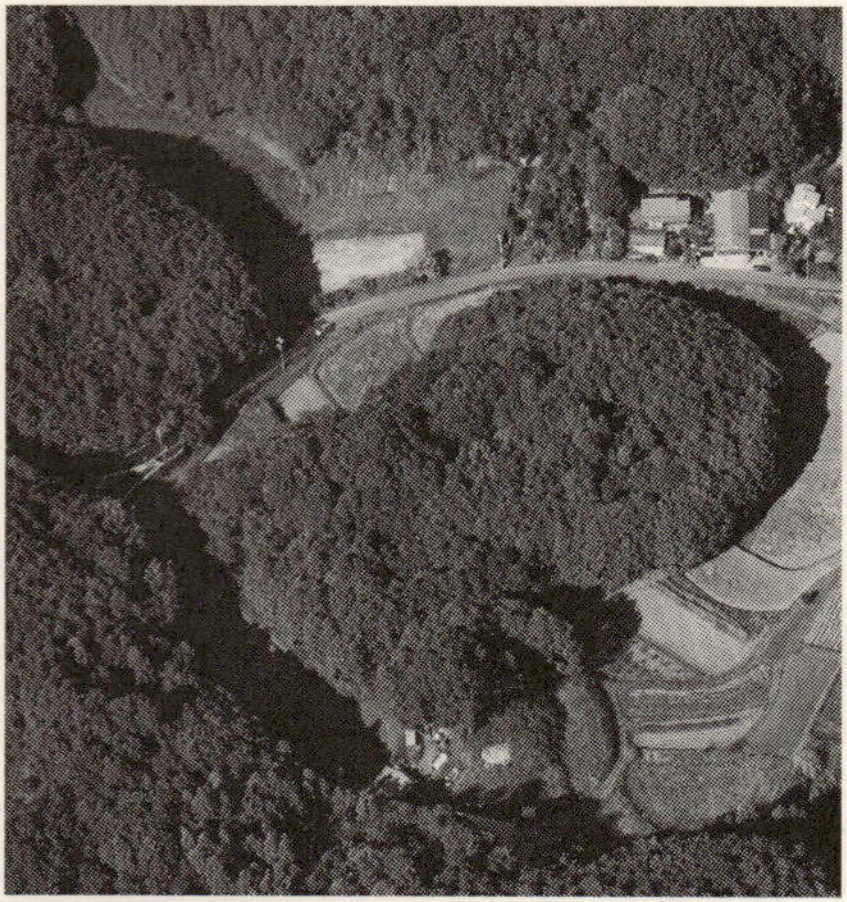

小さなくぼ地にある掖上鑵子塚古墳。ツブラオホミの墓地とも伝わる(奈良県御所市)
本文 226 ページ

鏡池と角刺神社。飯豊王が政務を執った角刺宮跡と伝わる(奈良県葛城市)
本文 238 ページ

第十一章

伊耶那美命

男神の伊耶那岐命《いざなきのみこと》とともに国生みをして、大八嶋国と呼ばれる日本列島を創造した。続いて行った神生みで、火の神を生んだことで黄泉の国に行った。迎えに来たイザナキが約束を破ったために黄泉比良坂《よもつひらさか》で永遠の別れをする。地上界に帰ったイザナキは禊を行い、天照大御神《あまてらすおほみかみ》ら三貴子《さんきし》を得る。

1

淤能碁呂嶋《おのごろしま》

国生みは天と地の結婚

「是《こ》のただよへる国を修理《をさ》め固め成せ」

古事記は、日本の誕生は天《あま》つ神諸《もろもろ》の命《みこと》がそう命じたことに始まると記す。命じたのは天上界である高天原《たかまがはら》に最初に出現した天之御中主神《あめのみなかぬしのかみ》、高御産巣日神《たかみむすひのかみ》、神産巣日神《かむむすひのかみ》の三柱。命じられたのは伊耶那岐命《いざなきのみこと》、伊耶那美命《いざなみのみこと》の二柱の神である。

男神のイザナキと女神のイザナミは「天の浮橋《あめのうきはし》」に立ち、「天の沼矛《ぬほこ》」を海に下ろして「こをろこをろ」とかき回した。沼矛を引き上げた時、垂《した》り落ちた塩が積もって島になった。

〈是れ淤能碁呂嶋《おのごろしま》なり。其の嶋に天降《あまくだ》り坐《ま》して、天の御柱《みはしら》を見立て八尋殿《やひろどの》を見立てたまふ〉

イザナキらは島に降り立って聖なる柱を出現させ、立派な宮殿を建てた、と古事記

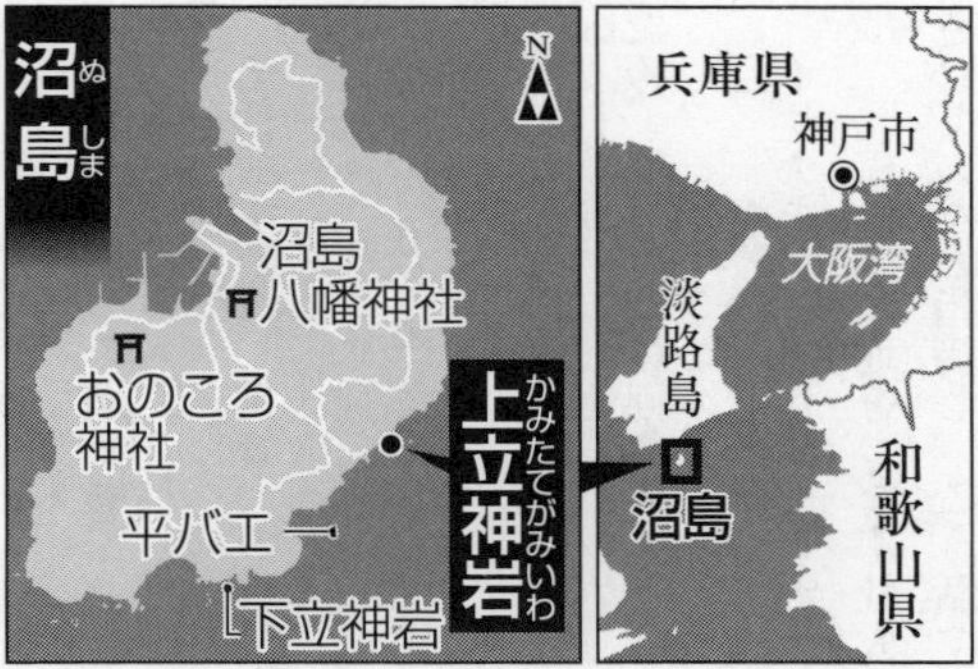

は書く。日本で最初の陸地、オノゴロ島の所在地は諸説あるが、淡路島の南に浮かぶ沼島《ぬしま》が有力とされる。

「古くは阿波（徳島県）や紀伊（和歌山県）からも船団がやってきて、八尋殿の屋根に見立てた岩礁（平《ひら》バエ）を船団が回る神事が行われてきました」

現在も続く春の平バエ祭りで、神事を行う沼島八幡神社の沼津知明宮司はそう話す。

平バエ祭りは、イザナキらがオノゴロ島で、天の御柱を回る神話に由来する。

〈「吾《あ》と汝《な》と、是の天の御柱を行《ゆ》き廻《めぐ》り逢ひて、みとのまぐはひ為《せ》む」〉

イザナキはそう言ってイザナミを誘った。「みと」は寝所、「まぐはひ」は男女の交わりを意味する。御柱を回りながら、ともにほめ合って結婚する。ここから、日本列島の島々を誕生させる国生みが始まる。

「注目すべきなのは、天の御柱を回る方向です」

そう話すのは、長崎大の勝俣隆名誉教授である。イザナキが指示した方向は記紀で異なる。

〈「汝は右より廻り逢へ、我《あれ》は左より廻り逢はむ」〉（古事記）

〈「妹《いも》は左より巡れ、吾は右より巡らむ」〉（日本書紀）

日本書紀では、最初の国生みで生まれた子が未熟な蛭児《ひるこ》（古事記は水蛭子《ひるこ》）だったため、反対方向に回り直すと、島々が無事に生まれる。

イザナキが右回り、イザナミが左回りだと、国生みが失敗したのはなぜか。勝俣氏は、北極星を天地をつなぐ壮大な柱と見なす世界観が、日本では天の御柱として認識されていたと指摘し、こう話す。

「太古から北極星を中心に天空が、反時計回りに回転していると認識され、必然的に大地は右回りしていると考えられた。最初の国生みの失敗は、天と地の回転方向が逆だったことが原因で、自然の摂理に反した結果であることを強調しているのです」

日本書紀が示唆する男女観は、天空は男、母なる大地は女であるというものなのだ。「天の御柱めぐりによる国生み神話は、天と地の聖なる結婚と理解できる。イザナミは地球規模の壮大な地母神《じぼしん》だったのです」

オノゴロ島の諸説と沼島

古事記では、十六代仁徳《にんとく》天皇が、吉備の黒日売《くろひめ》に会うために寄った淡路島から見た島の一つとしても「淤能碁呂嶋」が登場する。江戸中期の国学者、本居宣長《もとおりのりなが》は淡路島の北の絵島を想定し、紀淡海峡の友ケ島説もあるが、定説化しているのは沼島説だ。沼島沖にそびえる高さ約三〇メートルの上立神岩《かみたてがみいわ》が、天の御柱や沼矛をイメージさせる。近くには下立神岩があり、安政大地震で折れる前は上立神岩より高かったとされる。かつては両岩がイザナキ、イザナミに、中間の平バエが天の御柱に見立てられたという。

2 水蛭子《ひるこ》
海を漂流し「福の神」に

古事記は、伊耶那岐命と伊耶那美命の結婚で最初に生まれたのは水蛭子だったと記す。

〈くみどに興《おこ》して生める子水蛭子。此の子は葦船《あしぶね》に入れて流し去りつ。（略）子の例《かず》に入れず〉

ヒルコを海に流して子供の数に入れなかったのは、手足の萎えたような子で、育たないと思ったからだ。イザナキらは、国生みを命じた高天原の三柱の神のもとに行って相談した。

「女《をみな》のまづ言へるに因《よ》りて不良《さがな》し」

三柱は、天の御柱を回って結婚した際、女神のイザナミから声をかけたことを原因と指摘し、男神のイザナキから声をかけてやり直すように命じた。

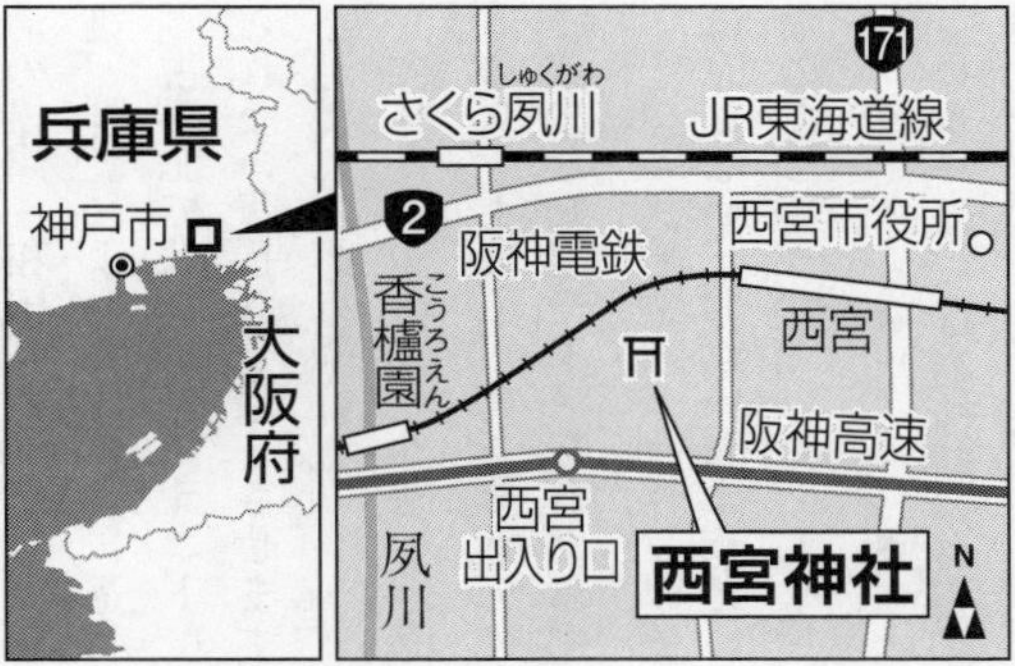

「一見、男尊女卑を思わせますが、重要なのはイザナキらが天つ神にお伺いを立て、さらには、結婚の誘いの言葉を言い直していることです」

大阪市立大の毛利正守名誉教授はそう話す。イザナキの言葉に応じたイザナミは、淡道《あはぢ》の穂の狭《さ》別嶋《わけのしま》、伊豫《いよ》の二名嶋《ふたなのしま》など大八嶋国《おほやしまくに》と呼ばれる国土を次々に生む。

「お伺いを立てた後の出産は国生みになった。イザナミの出産が天つ神公認であることを際立たせる効果を、ヒルコの出産は生んでいます」

兵庫県西宮市の西宮神社。毎年正月の十日えびす大祭で、早朝の開門に合わせて参拝者が一番福を目指して走り参りする「福男選び」で知られる同神社は、ヒルコ、蛭児大神《ひるこのおおかみ》を祭神とする。

同神社の由緒によると、茅渟海《ちぬのうみ》と呼ばれた大阪湾の摂津・和田岬の沖から出現したところを鳴尾村（現西宮市）の漁師が祭り、その後、神託によって西の方に遷《うつ》し、祭ったのが起源だ。

「古事記ではヒルコノミコトに関する記述はわずかで、母に流され、子としても数えられない悲しさを感じさせますが、長い時を経て、福の神として信仰を集めていることが、大変興味深い」

吉井良昭宮司はそう話す。海に流されて以降、ヒルコに関する記述は古事記には一切ない。しかし、海を漂流したであろうヒルコのイメージは鎌倉時代、海を渡ってさまざまな知識やモノをもたらすえびす様の信仰と結びついたという。

「伝承でも、漁師や地元の人の手で大事にされた神様です。そのまま忘れてしまうのは忍びない、お救いしようという、日本人が古来大事にしてきた優しさが生んだ物語なのでしょう」

ヒルコは、日本神話が最初に書く「生める子」（生んだ子）である。それまでの神々はイザナキ、イザナミも含めてすべて「成りました」と古事記は書く。自然に出現していた神々が、イザナキ、イザナミの営みで生まれるものに変化するのだ。

「神話が、人の生活を反映するものに変わり始める。母性や生産力の象徴としてイザナミが描かれている、天照大御神《あまてらすおほみかみ》と並んで、女性のあり方を示す神だと思います」

毛利氏はそう指摘する。

西宮神社

兵庫県西宮市社家町にあるえびす宮総本社。鳴尾の漁師が祭っていたヒルコノミコトを西宮に遷したのが起源。鎮座の年代は明らかになっていないが、平安後期以降の文献にその名が残る。

西宮は、西国街道の宿場町として拓《ひら》け、市が立ったことから、市の神、商売繁盛の神様として隆盛を極めた。現在、毎年一月九、十、十一日の「十日えびす」の参拝者は百万人に及ぶ。十日早朝に行われる開門神事、走り参りはお正月の風物詩として全国に知られる。境内のえびすの森は、兵庫県指定の天然記念物。

3

火之迦具土神《ひのかぐつちのかみ》 命懸けの出産 文明築く

〈火之夜芸速男神《ひのやぎはやをのかみ》を生みたまふ。またの名は火之炫毗古神《ひのかがびこのかみ》と謂《い》ひ、またの名は火之迦《ひのか》具土神《ぐつちのかみ》と謂ふ〉

古事記は、伊耶那美命が国生みに続く神生みで多くの神を産んだ後、三つの名を持つ火の神を産んだと記す。その名が示すように赤々と輝く自らの炎で、母の産道を焼きながら、現れ出たのである。

「母体に火の源があるという神話は、世界に多くあります。体温や、発火方法と性的交わりとの感覚的な結びつきも関係するのでしょう」

法政大の坂本勝教授はそう解説する。

〈みほと炙《や》かえて病み臥《こや》せり〉

古事記は、イザナミが陰部の重い熱傷で床に伏せたことを記す。それでも神生みは

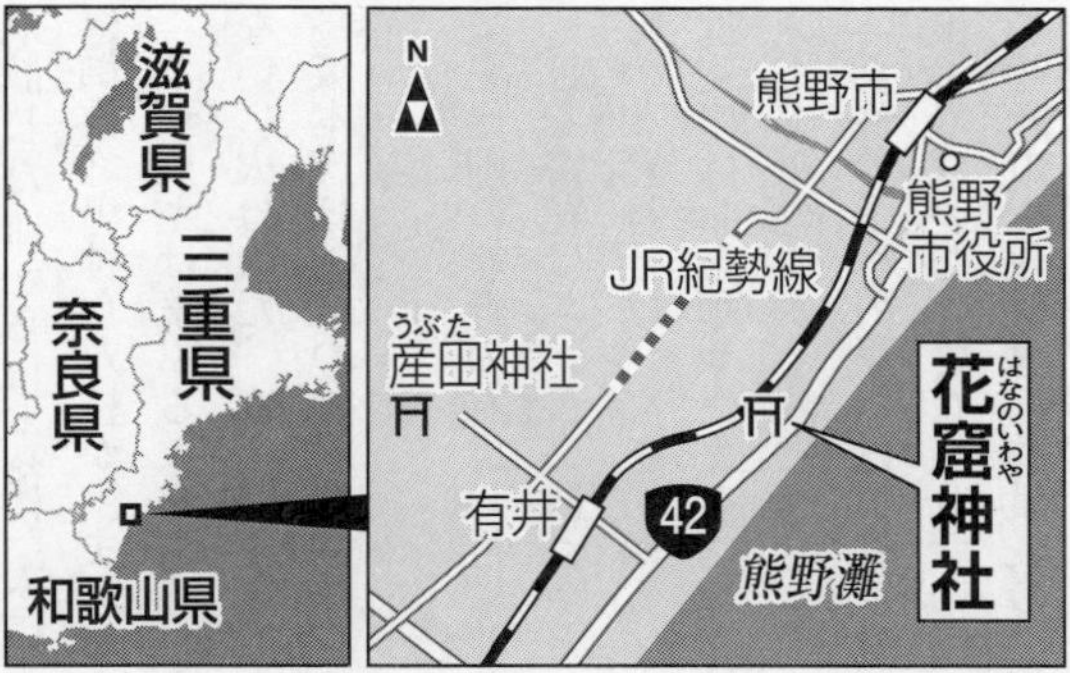

続き、たぐり（嘔吐物《おうと》）、屎《くそ》、尿《ゆまり》から鉱山や粘土、水に関する神々が生まれ出たという。

〈遂に神避《かむさ》りましぬ〉

イザナミは結局、わが子カグツチの誕生と引き換えに命を失う。

〈「愛《うつく》しき我《あ》がなに妹《も》の命《みこと》を、子の一木《ひとつき》に易《か》へむと謂《い》ふや」〉

一木とは、一匹の意だ。いとしいわが妻の命を、わずか一人の子などと引き換えにできようか——と言った夫、伊耶那岐命の怒りは激しい。妻の枕元や足元に腹ばいながら声を上げて泣き、涙からは泣沢女神《なきさはめのかみ》が成り出たという。

〈御佩《みは》かせる十拳《とつか》の剱《つるぎ》を抜き、其の子迦具土神の頸《くび》を斬りたまふ〉

イザナキは妻を葬るや、カグツチの首をはねた。

飛散した血からは、後に大国主命《おほくにぬしのみこと》から天照大御神への国譲りを成功させた使者、建御雷之男神《たけみかづちのをのかみ》ら八柱が生まれ、カグツチの頭や腹などからも八柱が生まれ出た。

「イザナキは荒ぶる火を鎮めようとしたが、自然に対する一〇〇パーセントの勝利はない。火はまた、血となり新しい命を再生していくのです」

坂本氏は、この神話の意味をそう読み解く。

〈紀伊国《きのくに》の熊野の有馬の村に葬《はぶ》りまつる〉

日本書紀は「一書《あるふみ》に曰く」として、イザナミの墓所をそう記す。三重県熊野市有馬町の花窟《はなのいわや》神社は、高さ約四五メートルの切り立った岩をイザナミの神体としている。近くには命を奪ったカグツチの神体もある。幼子が母を見上げるような、高さ約一二メートルの岩がそれだ。

「女性の子への思いは男性とは違うもの。火という文明をもたらしたわが子を、母は恨んではいないでしょう」

熊野市文化財専門委員長の三石学氏はそう言う。

〈土俗《くにひと》、此の神の魂《みたま》を祭るには、花の時には亦《また》花を以ちて祭る〉

日本書紀が記す通り、春と秋の大祭では季節の花がふんだんに使われる。同神社から一・三キロ西の産田《うぶた》神社は、カグツチが生まれ、イザナミが亡くなった所とされる。ここはイザナキとイザナミが、漂着した稲種を拾って稲作を始めた所との伝承もある。

「黒潮洗う温暖な熊野は霊力に満ちた、再生にふさわしいところなのです」

三石氏はそう話す。

カグツチがもたらした火

カグツチがもたらした火は、古事記の随所で重要な役割を演じる。イザナキはイザナミを訪ねた黄泉《よみ》の国でさっそく火を使った。櫛《くし》の端の太い歯に火をともし、暗闇なら見えないイザナミの腐乱したさまを見てしまい、怒りに触れる。自然に逆らう文明の視界が災厄ももたらし、火の功罪が示された。

木花之佐久夜毗売《このはなのさくやびめ》は夫の迩々芸能命《ににぎのみこと》に貞操を疑われ、産屋に火を放つ火中出産で嫌疑を晴らす。ここでは火の神聖性が強調される。倭建命《やまとたけるのみこと》は東征で、叔母に授けられた火打ち石で草に火を放ち、窮地を脱する。

4

伊耶那岐命（上）
夫婦の別れ 生死の起源

〈「吾《あれ》と汝《な》と作れる国、いまだ作り竟《を》へず。故《かれ》、還《かへ》るべし」〉

古事記は、伊耶那岐命が死んだ妻、伊耶那美命を黄泉国《よもつくに》に迎えに行き、そう説得したと書く。御殿の閉じられた戸口の向こう側で、イザナミは黄泉国の物を食べたのでもう戻れないが、黄泉の神と交渉してみると答える。

〈「我をな視《み》たまひそ」〉

イザナミは、決して中を見ないように念を押す。暗闇の中、長い間待つのに耐えかねたイザナキが火をつけてのぞくと、そこにはウジがたかり、腐敗したイザナミの姿……。イザナキは恐ろしさのあまり逃げる。

〈「吾に辱《はぢ》見せつ」〉

恥をかかせたと激怒したイザナミは、黄泉国の醜い鬼女や軍隊に追わせた。

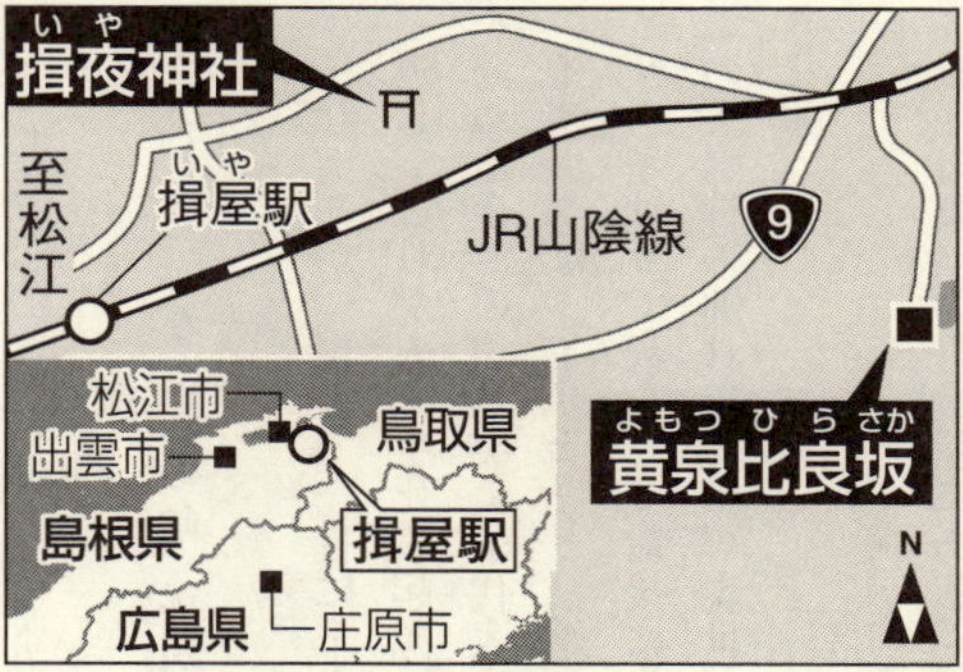

「死を不浄のものとして畏怖する古代人ですから、愛妻とはいえ、百年の恋も冷めたとするのは自然。イザナキが逃げたのは、一緒に国作りを成し遂げたいという未練を捨てたことを意味します」

島根県立大短大部の藤岡大拙名誉教授はそう説明する。

「最愛の夫にだけは見られたくなかったというイザナミの気持ちが、恥という表現になったのでしょう」

イザナキは、剣で払うなどして追っ手から逃れ、ほうほうの体で黄泉比良坂《よもつひらさか》にたどり着く。そこで千人力でしか動かせない大岩を据え、自ら追ってきたイザナミを封じ込めた。岩をはさんで向かい合った二神は、こう言い合って別れたと古事記は書く。

〈「愛《うつく》しき我《あ》がなせの命《みこと》、かく為《し》たまはば、汝《いまし》の国の人草、一日《ひとひ》に千頭絞《ちかしらくび》り殺さむ」〉
〈「愛《うつく》しき我《あ》がなに妹《も》の命、汝然為《なれしかせ》ば、吾一日《あれひとひ》に千五百《ちいほ》の産屋《うぶや》を立てむ」〉

イザナミが、現世で一日に千人を殺すと言うと、イザナキは千五百人を誕生させると返し、これが人の生死の起源になったとされる。島根県を中心に活動する「風土記を訪ねる会」の川島芙美子代表は、こう指摘する。

「イザナミは、イザナキと結婚して大八嶋国（日本）や神々を生んで死に、その後にイザナキ独りで禊《みそぎ》をして最後に生まれたのが天照大御神をはじめとする三貴子《さんきし》です。この夫婦神の別れを境に、現世と高天原の神々の世界が分かれ、神話の舞台が次に移ります」

松江市東出雲町揖屋《いや》にある「黄泉比良坂」は、イザナキが現世と黄泉国を行き来する際に通った生と死の境界と伝わる。近くにはイザナミを祭る古社、揖夜《いや》神社があり、毎年八月二十八日、「一ツ石神幸祭《ひとついししんこうさい》」が行われる。イザナミの神霊を宿した御神輿が、神社とイザナキが鎮座すると伝わる海上の一ツ石を往復する神事だ。

「別れ際のやりとりで互いに『愛しき』と呼び合ったことでも、憎しみ合ったとは思えません。神事には、イザナキとイザナミに年に一度は会ってほしいという地域の人々の願いが込められています」

松江市揖屋公民館の樫原孝尚顧問はそう話す。

イザナミを葬った比婆《ひば》の山

〈出雲国《いづものくに》と伯伎国《ははきのくに》との堺《さかひ》の比婆《ひば》の山に葬《はぶ》りまつりき〉

古事記がそう書くイザナミの埋葬地は、伝承地が島根、鳥取、広島などに複数ある。このうちの一つ、広島県庄原市の比婆山には、夫婦神が冬場に避寒の宮を造ったため「不寒原《へんばら》」と名付けられた土地や、イザナキが黄泉国から逃げる時に飛び越えたと伝わる「飛越岩《とびこいわ》」などもある。

市教委文化財係の稲村秀介主任は「山に眠ると伝わるイザナミへの人々の信仰心はあつく、その愛憎劇が地名や伝承として語り継がれています」と話している。

5 伊耶那岐命(下) 三貴子生み 決意果たす

伊耶那岐命と伊耶那美命を伊弉諾《いざなぎ》大神、伊弉冉《いざなみ》大神として祭る伊弉諾神宮(兵庫県淡路市)。イザナキの御陵地に建つとされる同神宮は阪神大震災で被災し、復旧の過程で、イザナミの神像が九体も見つかった。平安時代から鎌倉時代の木製で、すべて一刀彫り。丸顔の坐像で、ふくよかな印象を与える。

「母性を感じさせる像ばかりで、中世にも生む力が生命力だという信仰心が強かったのでしょう」

本名孝至《ほんみょうたかし》宮司はそう話し、イザナミの存在感を感じさせる神話として、須佐之男命《すさのをのみこと》が父のイザナキの逆鱗《げきりん》に触れたという古事記の記述を挙げる。

〈「僕は妣《はは》の国根之堅州国《ねのかたすくに》に罷《まか》らむと欲《おも》ふ」〉

イザナキから命じられた海原を統治せず、泣いてばかりいることをたしなめられた

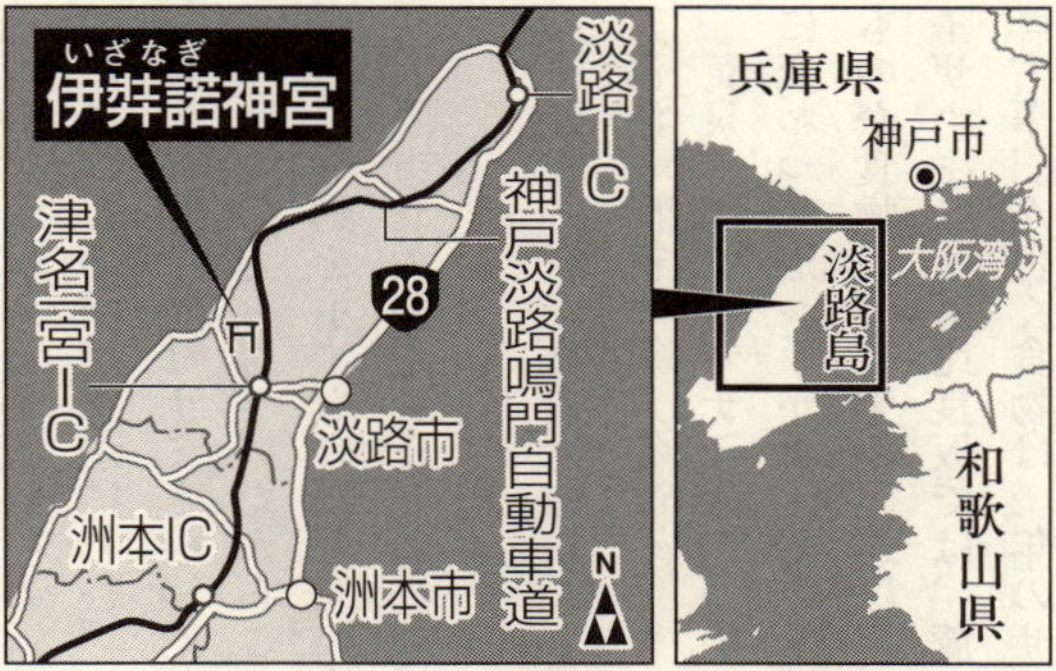

須佐之男命は、母イザナミがいる死後の世界に行きたいと訴える。イザナキは須佐之男命を追放した。

「須佐之男命ら三貴子は黄泉の国から帰ったイザナキの禊《みそぎ》で生まれた。にもかかわらず、イザナミをこれほど恋しがるのは、あの母なくしては自分は生まれなかったと認識しているからでしょう」

黄泉比良坂でイザナミと別れたイザナキは、「筑紫《つくし》の日向の橘の小門《をど》の阿波岐原《あはきはら》」で禊を行う。脱ぎ捨てた衣類や装飾品などから神が次々と生まれ、その数は二十四柱を数える。最後に顔を洗うと、左目から天照大御神、右目から月読命《つくよみのみこと》、鼻から須佐之男命が生まれた。

「吾は子を生《あ》らし生らして、生らす終《はて》に、三《みはしら》の貴き子を得つ」

古事記が伝えるイザナキの言葉には、一日に千五百人産むと妻に告げた決意を実質的に果たした満足感がにじむ。

「黄泉の国でイザナミと会った後に、最も貴い三柱の神が生まれたことに意味がある。イザナミの力も得ていたからこそ、イザナキは神を生めた。二人の別れの言葉は、生産力の移動を示すものだと思います」

大阪市立大の毛利正守名誉教授はそう話す。

〈黒御縵《みかづら》（黒い蔦の髪飾り）→蒲子《えびかづらのみ》（山葡萄）〉

〈湯津々間櫛《ゆつつまくし》→笋《たかみな》（筍）〉

黄泉の国でイザナミの追っ手から逃れようとイザナキは装飾品を投げ、それが食物に変わって追っ手が食べている間に窮地を逃れた、と古事記は記す。身につけているものが食物に変身する記述は、イザナキに生産力が宿りつつあることを想起させる。

イザナキは黄泉比良坂では、麓に生えていた桃の実を投げて、雷神の軍を退散させる。

「古事記が書く食物は一年のサイクルを象徴するものでしょう。長い時間をかけてご夫婦は別れたのだということを古事記は表現している」

本名氏はそう話す。古事記は、イザナキと別れた後のイザナミについてこう書く。

〈号《なづ》けて黄泉津大神と謂《い》ふ〉

黄泉の国、つまり死後の世界に君臨して天照大御神らを見守ったということだろう。

夫婦大楠

伊弉諾神宮の境内にある樹齢約九百年の楠。樹高が三〇メートル以上ある。もともとは二株の木だったが、成長するにつれて合体し、一株に育ったという奇樹。イザナキとイザナミの神霊が宿る神木として夫婦円満、安産子授、縁結びなどの信仰を集める。地元では「連理の楠」とも呼ばれる。兵庫県指定天然記念物。

伊弉諾神宮は、イザナミと別れたイザナキが住んだと古事記が書く「淡海《あふみ》の多賀」に建つとされる。「淡海の多賀」の候補地としては他に滋賀県多賀町の多賀大社がある。

西宮神社の絵馬。描かれたえびす様はヒルコの姿でもある（兵庫県西宮市）本文 247 ページ

今に残る黄泉比良坂。イザナミはこの向こうに残ったと伝わる（島根県松江市東出雲町）本文 255 ページ

花窟神社のイザナミの神体。近くにはカグツチの神体もある（三重県熊野市）本文 252 ページ

第十二章

天照大御神

三貴子《さんきし》の一柱。イザナキから高天原を治めるよう命じられる。弟の須佐之男命《すさのをのみこと》との葛藤から天の石屋隠れをして、太陽神としての存在感を示す。大国主命《おほくにぬしのみこと》が国造りを終えた地上界を譲るように迫る「国譲り神話」でも存在感を見せつける。国譲りが行われた後は孫のニニギノミコトを降臨させた。ニニギの三代後が初代神武《じんむ》天皇で、皇祖神とも呼ばれる。

1

父・伊耶那岐命国譲りの手本見せた

〈竺紫《つくし》の日向《ひむか》の橘の小門《をど》の阿波岐原《あはきはら》〉

古事記は、黄泉《よみ》の国で妻の伊耶那美命《いざなみのみこと》と別れた伊耶那岐命《いざなきのみこと》が穢《けが》れを払う禊《みそぎ》を行った場所をそう記す。神道の祓詞《はらえことば》の冒頭で登場し、なじみの深い地名だ。

宮崎市阿波岐原町産母《やぼ》の江田神社。この神社と森でつながるみそぎ池が、イザナキが禊を行った伝承地である。周囲約三〇〇メートル。面積は約四千平方メートル。現在、市民の森として管理されるが、金丸忠孝宮司が神域を示す御幣《ごへい》の取り替えなどを行っている。

「鎌倉時代には江田三十町と記録されるほどの境内地があって、その一部にみそぎ池がありました。今の境内地は三十分の一ほどですから、神話の頃は昼なお暗いうっそうとした森で禊が行われたのでしょう」

参道の中ほどにある社務所の向かいの森には、山崎ホタルピアと呼ばれるホタルの生息地がある。

「水がきれいな土地だからホタルもすめる。ご祭神（イザナキ）が禊の地に選んだ理由は、この水の清らかさだと思います」

〈是《ここ》に左の御目《みめ》を洗ひたまふ時に成りませる神の名は、天照大御神《あまてらすおほみかみ》〉

古事記は、禊の最後に天照大御神、月読命《つくよみのみこと》、須佐之男命《すさのをのみこと》の三貴子《さんきし》が生まれてイザナキが大変喜び、三柱の子に使命を与えたと記す。

〈「汝《な》が命は高天原《たかあまのはら》を知らせ」〉

神々がいる天上界の支配を命じられたのは、三貴子で最初に成った天照大御神である。禊では衣服などから十二柱の神が生まれ、身体からは十柱の神が生まれたが、イザナキが使命を与えるのは三貴子だけだ。

「三貴子はイザナキの左目と右目、そして鼻から生まれた。顔から生まれたことで自らの分身という意味合いが強いし、その中でも尊いとされた左の目から生まれたことで、天照大御神はイザナキにとって特別の娘だったのでしょう」

大阪市立大の毛利正守名誉教授はそう話す。

父イザナキから命じられた高天原の統治が、最初はうまくいかなかったことを古事記は描く。父から追放された須佐之男命が高天原に居つき、乱暴狼藉《ろうぜき》を繰り返したからである。天照大御神は、須佐之男命のために服織女《はたおりめ》が死んだことを見て恐れ、天の石屋《いはや》に隠れる。八百万《やほよろず》の神々は知恵を絞って天照大御神を復活させ、須佐之男命を地上界に追放した。

「天の石屋隠れから天照大御神の立場は一変する。太陽神としての貴さを知らしめたことで、父の願い通りの存在になります」

そう話す毛利氏は、高天原の支配者となった天照大御神を象徴する神話として国譲りを挙げる。天照大御神は、大国主命《おほくにぬしのみこと》が造った日本国を譲らせるために三柱の使者を次々と送り込み、国譲りを承諾させる。

「地上界を突然、『わが御子の知らす国』と言い出して国譲りさせようとする姿は、天照大御神に『高天原を知らせ』（治めなさい）と命じたイザナキそのもの。娘にとって父は、成長する際のお手本だったように感じます」

江田神社

地元では「産母《やぼ》様」と呼ばれる式内社。奈良時代の延喜式神名帳には日向四社の一つとして記載されている。

ご祭神は伊耶那岐尊（イザナキ）と伊耶那美尊（イザナミ）。夫婦の営みを始めた神として祭り、縁結びや安産、厄よけの御利益があるとされる。現在の境内地の面積も一万四百坪と広い。

神社の名にある江田は、弥生時代に入り江が開墾されて、日向での稲作発祥の地ともいわれることから付いたとされる。平安時代には官道が通り、日向十六駅の一つになっていた。

2 弟・須佐之男命 数々の悪行も姉に救われ

〈天に参上《まゐのぼ》りたまふ時に、山川悉《ことごと》く動《とよ》み国土皆震ひぬ〉

父の伊耶那岐命に命じられた海原を治めず、追放された須佐之男命が、高天原にいる姉の天照大御神のもとに向かう様子を古事記はそう記す。そのすさまじい力にアマテラスは驚き、高天原を奪いに来たと思って武装して対峙《たいじ》する。

「スサノオが父に追放されたのは死んだ母、伊耶那美命のもとに行きたいと嘆き悲しんだから。それに対してアマテラスは、母を恋しがる様子が全く書かれていない。古事記は、スサノオを書くことでしっかり者の姉を強調している」

大阪市立大の毛利正守名誉教授はそう指摘する。アマテラスは、スサノオが身の潔白を証明するために提案した誓約《うけひ》でもしっかり者ぶりを発揮する。それぞれの持ち物をかみ砕いて男神と女神を生み合った際、機先を制するように宣言するのだ。

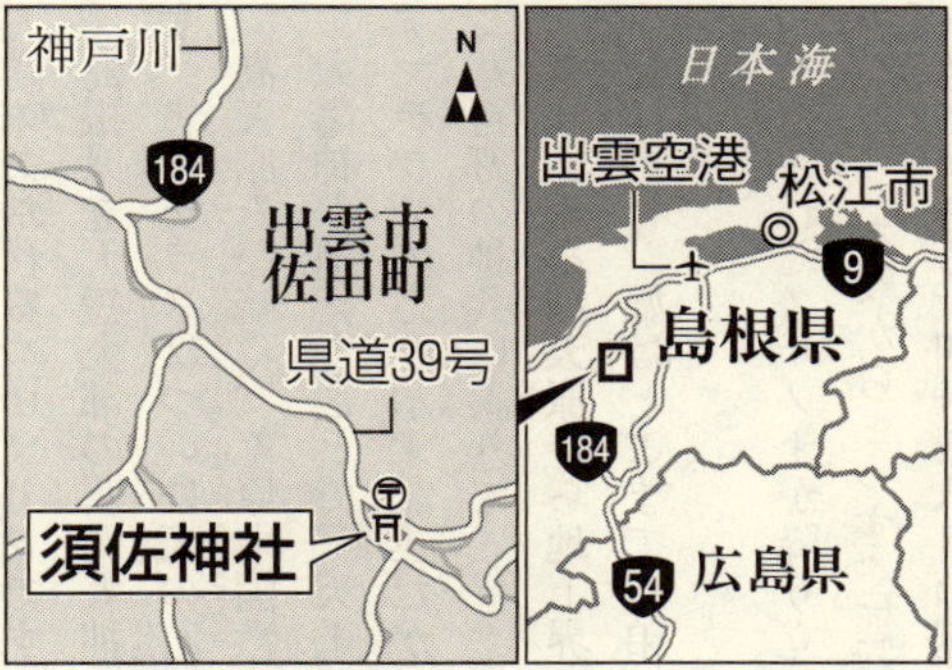

「五柱の男子は、物実《みのざね》我が物に因《よ》り成れり。故《かれ》自づから吾が子なり。先に生《あ》れし三柱の女子は、物実汝が物に因り成れり。故汝が子なり」

アマテラスは、自ら区別を決めて、男神を取った。

〈「我が心清く明かし。故我が生らす子手弱女《たわやめ》を得つ」〉

機先を制されたスサノオは、心にやましさがないから女子を得たと主張して高天原に居すわった。そして田の畦《あぜ》を断ち切り、水路を埋め、大嘗祭《だいじょうさい》を行う御殿に糞をまき散らした。この乱暴狼藉に対してアマテラスは、酒に酔ってのことであり、稲種をまく土地を惜しんでやったことだとかばった、と古事記は書く。

「暴れん坊の弟でも慈しむ、姉らしい振る舞い。

人間味あふれるエピソードです」

島根県立大短大部の藤岡大拙名誉教授はそう話す。しかし、スサノオの悪行はやまず、アマテラスはついに天の石屋《いはや》に隠れる。

〈高天原みな暗く、葦原中国《あしはらのなかつくに》悉く闇《くら》し〉

太陽神が消えたことで、天上界だけでなく地上界まで暗闇になったと古事記は記す。アマテラスの力を示す記述だが、復活したアマテラスはスサノオを罰しなかった。

〈八百万の神共に議《はか》りて〉

スサノオを高天原から地上界に追放したのは、高天原の神々の協議の末だったと古事記は書く。姉はどこまでも弟に甘かった。

追放されたスサノオが降り立った出雲国でスサノオを祭っている須佐神社（島根県出雲市）。本殿からまっすぐ延びた参道の約一〇〇メートル先にはアマテラスを祭る天照社《てんしょう》がある。四月十八日の例大祭では、本殿から御輿《みこし》が天照社を目指す。

「私は、スサノオさまから姉上に、かつてご迷惑をおかけしてすみませんでしたとご挨拶するような気持ちで年に一度、お祭りをしています」

須佐建紀《たけとし》宮司はそう話す。祭りはそのまま、姉を慕ったスサノオの姿を再現しているようである。

須佐神社

須佐之男命が出雲の諸国を開拓して回った後、最後の国土経営をしたとされる須佐郷（現在の出雲市佐田町）にある。出雲国風土記では、飯石郡の神社の項に「須佐社」として記述される。

主祭神は須佐之男命。スサノオがヤマタノオロチを退治して得た妻の稲田比売命《いなたひめのみこと》（クシナダヒメ）と、ヒメの両親の足摩槌命《あしなづちのみこと》（アナヅチ）、手摩槌命《てなづちのみこと》（タナヅチ）も祭る。境内にはスサノオが清めたと伝わる小池もある。地元では、天照社は「上社」「上の御前さん」とも称され、スサノオが慕う姉として信仰されている。

3

従神・天宇受売命《あめのうずめのみこと》
太陽模倣 神楽の始まり

天孫降臨の伝承地、宮崎県高千穂町で八百年にわたり舞われている「高千穂の夜《よ》神楽《かぐら》」。三十三番ある演目の一つに「鈿女《うずめ》」がある。天照大御神が隠れた天の石屋《いはや》の前で舞い遊び、アマテラスを連れ出す大役を果たした天宇受売命《あめのうずめのみこと》の神楽だ。

「ウズメの舞いは、神楽の元祖と伝わっています。男性が女神を舞うので、とても難しい演目です」

夫の猿田彦大神（サルタビコ）とともに天鈿女命（ウズメ）を祭る荒立《あらたて》神社の興梠《こうろき》武重宮司はそう話す。古事記は、ウズメの舞いをこう記す。

〈天《あめ》の真析《まさき》を縵《かづら》と為《し》て、天の香山《かぐやま》の小竹葉《ささば》を手草《たぐさ》に結《ゆ》ひて、天の石屋の戸にうけ伏せて踏みとどろこし、神懸《かむがか》り為て、胷乳《むなち》を掛き出《い》で、裳《も》の緒をほとに忍《お》し垂《た》れき〉

つる草で髪を飾り、ササを束ね持ち、桶《おけ》を踏み鳴らして神を宿し、乳房や女陰をあ

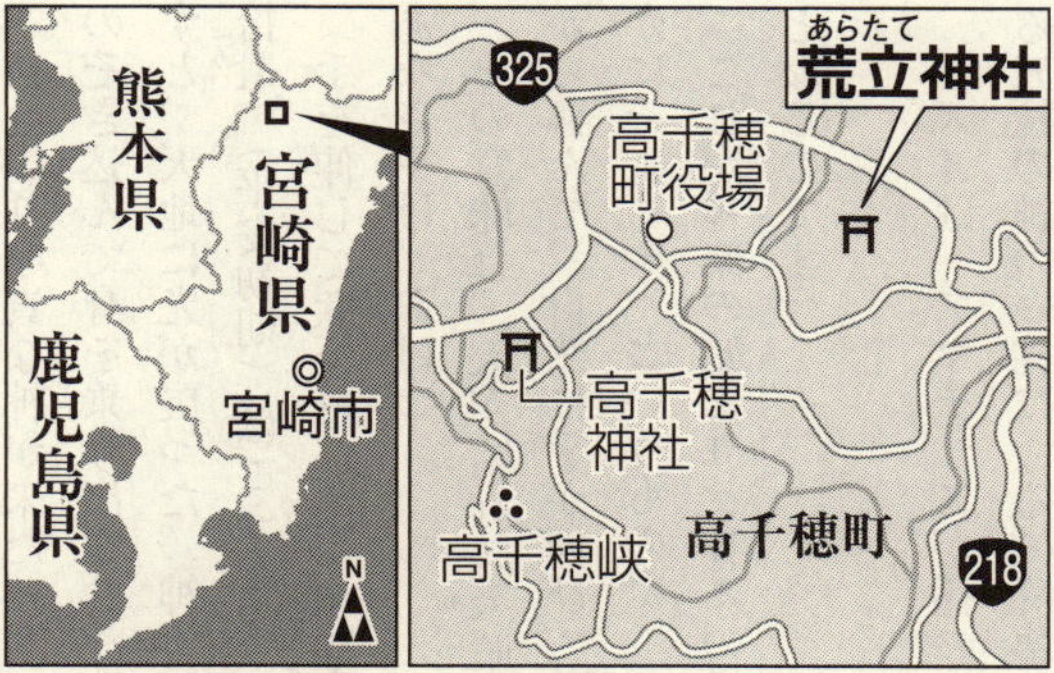

らわにして踊ったのである。

〈高天原動《とよ》みて、八百万の神共《とも》に咲《わら》ふ〉

ウズメが舞うと、神々の笑いが天に鳴り響いた。

「全身を植物でまとい、命を生み、育む身体器官を開示したウズメの踊りは、太陽の生みの力の擬態（模倣）表現です。アマテラスの本来の姿に変身することで、八百万の神々の喝采を呼んだのです」

京都大の鎌田東二名誉教授はそう話す。ウズメは、アマテラスが最高尊貴の太陽神であることを舞い伝えたのだ。

〈「何に由《よ》りて、天宇受売は楽《あそび》を為、また八百万の神諸《もろもろ》咲ふ」〉

アマテラスの問いに答えるのもウズメである。

〈「汝命《いましみこと》に益《ま》して貴き神坐《いま》す。故歓喜《よろこ》び咲ひ楽ぶ」〉

自分より尊貴な神が来たと聞いてアマテラスは、細めに戸を開け、差し出され鏡をのぞき込んで身を乗り出す。その一瞬、力自慢の天手力男神《あめのたぢからをのかみ》が手を取って外に引き出すと、天地に光が戻った。神々の歓喜を、朝廷の祭祀《さいし》氏族、忌部《いんべ》氏の伝承記録『古語《こご》拾遺《しゅうい》』（平安初期）はこう記す。

〈手を伸《の》して歌ひ舞ひて、相与《あいとも》に弥白《まを》さく、「あはれ、あなおもしろ、あなたのし、あなさやけ、おけ」〉

その意味は、天が晴れ（天晴《あは》れ）、光が顔に当たるので神々の面が白い。それを心から喜んで、自然に手が伸びて歌い踊るので楽（手伸《たの》）しく、木々も感応してさわやかにそよぐ——というものだ。

「これが神楽の始まり。神々の歓喜愉悦、その楽しさ、面白さが神楽の身振りや所作となるのです」

ウズメは、アマテラスが孫のニニギノミコトを地上界に降臨させた際、一緒に天降る五柱の神の一柱になる。降臨の途中で猿田毗古大神《さるたびこのおほかみ》が待っていた時には向背を確かめる大役を命じられる。

〈「汝は手弱女人《たわやめ》に有れども、いむかふ神と面勝《おも》つ神ぞ」〉

いかなる神にもにらみ勝つ神というほめ言葉は、雄弁にアマテラスの信頼を物語っている。

芸能の神となったウズメ

日本書紀はウズメの舞いを〈天石窟戸《あまのいわやと》の前に立ち、巧《たくみ》に俳優《わざをき》を作《な》す〉と記す。「ワザヲキ」の意を鎌田氏は「神の霊を招き、わが身に振り付ける技態《わざ》」と指摘し、演技の起源と考える。太陽の力が最も衰えた冬至に再生を願う根源的な踊りに通じるという。

ウズメは、アマテラスの孫ニニギノミコトの天降《あまくだ》りでは、立ちはだかった国つ神サルタビコとの折衝役としても活躍。天降りの後はサルタビコに仕え、宮中の鎮魂の儀で神楽を奉仕した氏族、猿女君《さるめのきみ》の起源になったと記紀は書く。現在は芸能の神として信仰されている。

4

長男・天忍穂耳命《あめのおしほみみのみこと》 母に甘え子を降臨させ

〈「豊葦原《とよあしはら》の千秋《ちあき》の長五百秋《ながいほあき》の水穂国《みづほのくに》は、我が御子正勝吾勝々速日天忍穂耳命《まさかつあかつかちはやひあめのおしほみみのみこと》の知らす国」〉

古事記は、大国主命《おほくにぬしのみこと》が造った国を譲らせようと思った天照大御神が、そう高らかに宣言したと記す。アマテラスは、葦原の中にみずみずしい稲穂が実る国は、わが長男が治めるのがふさわしいと言ったのである。

オシホミミは、アマテラスの勾玉《まがたま》を須佐之男命がかみ砕いて生まれた神。「正に勝った、我が勝った」というスサノオの雄たけびを名前としている。ところが、天《あめ》の浮橋《うきはし》に立って地上界をのぞき込んで弱音を吐く。

〈「いたくさやぎて有りなり（随分騒々しく混乱しているようだ）」〉

オシホミミの報告を受けたアマテラスは、八百万の神々を集めて、地上界に説得の

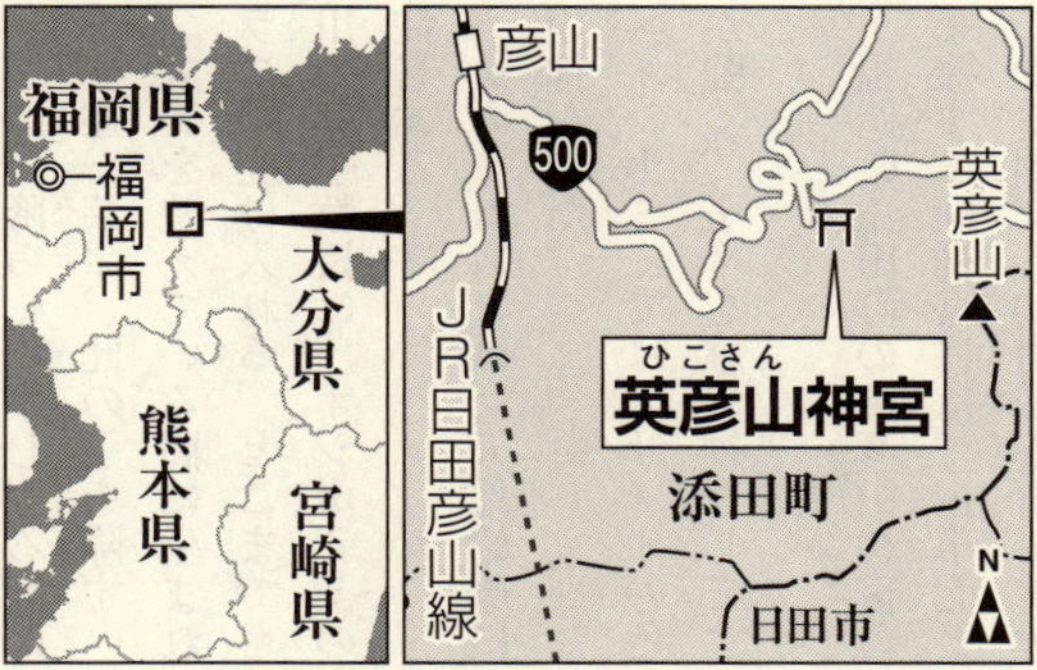

使者を派遣することを決めた。

「『腋子《わきご》』という言葉があります。アマテラスはかわいくて仕方がないオシホミミをいつも腋の下に抱え、息子もそんな母に甘えている。古来日本人が持つ無意識の願望が、母子には投影されています」

学習院大の吉田敦彦名誉教授は、平安時代の『古語拾遺《こごしゅうい》』にも母子の関係が記されていると指摘する。

アマテラスが派遣した使者は次々に大国主命に籠絡され、国譲りのために十一年以上が費やされたと古事記は書く。出雲国に神殿を造ることなどを条件に、大国主命がようやく国譲りを承諾し、アマテラスが改めて降臨を命じると、オシホミミはこう答えた。

「僕《あ》は、降《くだ》らむ装束《よそひ》しつる間に、子生《あ》れ出でぬ。名は天迩岐志国迩岐志天津日高日子《あめにきしくににきしあまつひこひこ》番能迩々芸命《ほのににぎのみこと》、此の子を降《くだ》すべし」

　衣装を整えている間に生まれた子を下すのがいいでしょう——という意見もアマテラスは受け入れる。どこまでも甘い母親ぶりを示す逸話だが、東洋英和女学院大の古川のり子教授は、オシホミミの妻、つまりニニギの母が高御産巣日神《たかみむすひのかみ》の娘という点に注目する。

　タカミムスヒは、天地始原に現れた造化三神の一柱で天つ神のなかでも特に格の高い神なのだ。

「オシホミミではスサノオの色が濃いが、折良く生まれたニニギの方が天つ神の資質が強く、王権を継ぐ神としてよりふさわしいといえるでしょう」

福岡県添田町の英彦山《ひこさん》神宮。オシホミミを祭り、標高約一二〇〇メートルの英彦山を擁する同神宮には、古事記とは違う降臨伝承がある。

オシホミミの奇魂《くしみたま》が青いタカとなって東方から飛来し、この地を支配していた大国主命から譲り受けた。アマテラスの御子が降臨して鎮座したため、日子山と名付けられた——。平安時代の著とされる『彦山記』にはそう記されている。

「病気に勝つや危険に勝つなど、勝ち負けは勝負ごとだけではない。人生におけるオールマイティーな神様ということです」

吉門純一権禰宜《ごんねぎ》は、自ら降臨した祭神、アマテラスの長男についてそう話す。

英彦山と信仰

英彦山は羽黒山（山形県）、大峰山（奈良県）とともに、日本三大修験霊山の一つに数えられてきた。中世以降は神仏習合で彦山権現を奉じる霊仙寺が中心になった。山の中腹に山伏ら三千人もの人々が暮らす坊舎が立ち並んだが、戦国時代には兵火による大打撃も受けた。

山伏は、山中で修行し、また九州各地に四十二万戸ともされる檀家に祈祷《きとう》札を配って利益を得た。明治の神仏分離令で霊仙寺は英彦山神社と改め、座主は僧籍を返上して宮司となった。昭和五十年に英彦山神宮と改称された。

5

国つ神・大国主命 争わず棲み分けに合意

〈「此《こ》の国に道速振《ちはやぶ》る荒振《あらぶ》る国つ神等《ども》の多《さは》に在りと以為《おも》ほす。是《こ》れ何《いづ》れの神を使はしてか言趣《ことむ》けむ」〉

古事記は、天照大御神が高天原の神々を集め、長男の天忍穂耳命が降臨をためらうほど強暴な神が多い地上界を、いかに平定するかを相談したと書く。天菩比神《あめのほひのかみ》や天若《あめわか》日子《ひこ》らが使者として次々に送られた。

「国土を生んだイザナキとイザナミの子、アマテラスとすれば、自身の正統な後継者が統治権を主張するのは当然のことだったでしょう」

皇学館大の莿木美行《いばらきよしゆき》教授はそう話す。しかし、地上界を国造りして支配していた大国主命は、使者をこれも次々と籠絡して、国譲りは進まなかった。

「オオクニヌシはアマテラスにとって、目障りな存在だったでしょう」

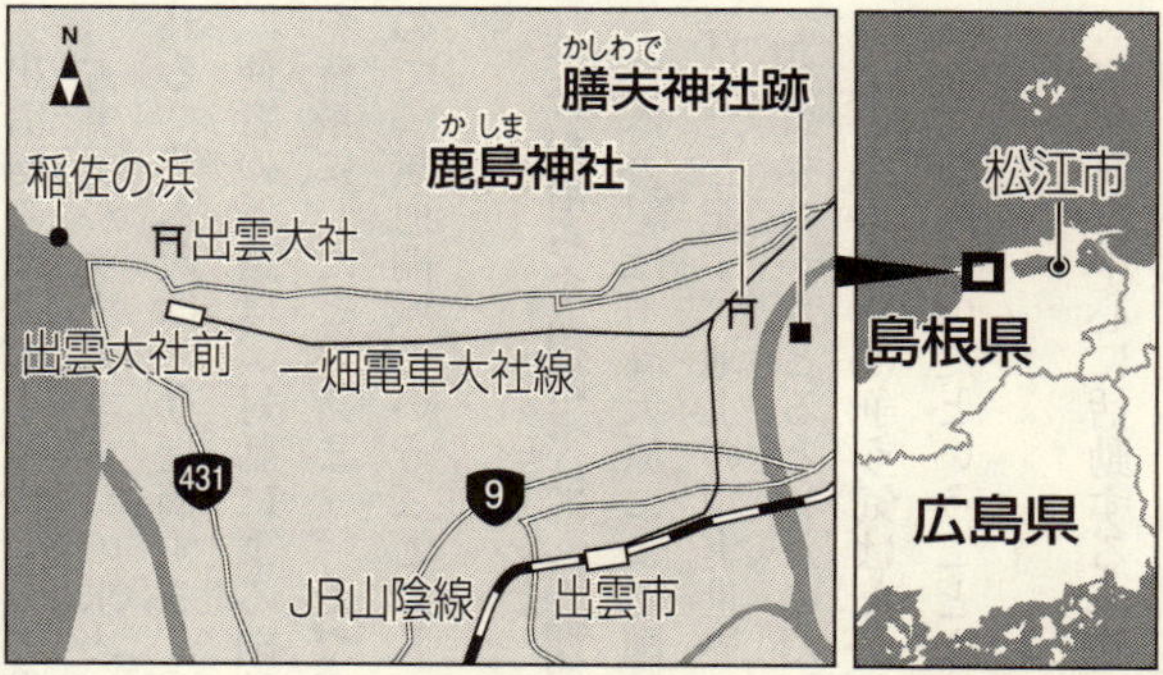

そう話す荊木氏は、その理由をこう語る。「オオクニヌシは、出雲に定住して地上界を支配した須佐之男命の末裔《まつえい》。だから統治権を受け継いだでしょうが、スサノオはイザナキに追放された身。ですから高天原が統治権を主張すれば、譲らざるを得ない立場です」

〈「汝《な》が心いかに」〉

古事記は、高天原が最後に送った武神、建御雷《たけみかづち》神《のかみ》が稲佐の浜（島根県出雲市）で、オオクニヌシに国譲りへの返事を迫ったと書く。オオクニヌシは子に返事をさせた。事代主神《ことしろぬしのかみ》はすぐに応じたが、もう一柱の子、建御名方神《たけみなかたのかみ》は抵抗して力競べを挑んだ。しかし敗れ、国譲りが行われた。オオクニヌシは、国を譲る代わりに天空にそびえるほどの神殿を建てることを求めた。

〈出雲国の多芸志小濱《たぎしのをはま》に、天の御舎《みあらか》を造りて……〉

古事記がオオクニヌシの求めに応じて造られたと書く神殿は、出雲大社の起源とされる。荊木氏はこう指摘する。

「使者の派遣は、対話による国譲りを目指したことを意味しますが、最終的には武力を背景にしたといえます。ただ、オオクニヌシも神殿を造ってもらうことで納得したので、無血開城ということでしょう」

〈「吾が治《し》らす顯露事《あらはなること》は、皇孫《すめみま》治らしたまふべし。吾は退《さ》りて幽事《かくれたること》を治らさむ」〉

日本書紀は、高天原による国譲りの勅命に対して大己貴神《おほあなむちのかみ》（オオクニヌシ）がこう答えたと記す。地上の現実世界はアマテラスの子孫が治めることを認め、自らは退いて神事をつかさどるとしたのだ。

「オオクニヌシは争う気はなかったと思います。どちらかが支配して独占したのではなく、棲《す》み分けたということなのでしょう」

島根県を中心に活動する「風土記を訪ねる会」の川島芙美子代表はそう話す。オオクニヌシは、目に見えない、耳にも聞こえないような人智を越えた「幽世《かくりよ》」を取り仕切ることで合意したという見方だ。

「オオクニヌシが取った世界は決して小さいものではなく、その象徴は縁結びです。棲み分けでそれぞれ得た世界は、大和政権と出雲の人々の神祭りと世界観の違いを反映しています」

地名に残る「国譲り」

国譲りの交渉が行われた稲佐の浜は「YES」（然り）か「NO」（否）を迫った場として「否然《いなせ》」が転じた地名とされる。また、高天原がオオクニヌシの神殿を造ったとされる多芸志《たぎし》（現在の出雲市武志町《たけしちょう》）は約束を「違わじ」からきた地名とされ、川島氏は「国譲り神話が由来となっています」と解説する。

出雲市武志町にはタケミカヅチを祭る鹿島神社や、タケミカヅチとオオクニヌシが国譲りの交渉を成立させた後、「直会《なおらい》」で料理を作った櫛八玉神《くしやたまのかみ》を祭る膳夫《かしわで》神社跡の石碑がある。

本書は二〇一七（平成二十九）年一月十日から十二月十七日まで、産経新聞（大阪版）に連載された『ヒメたちの見た神と王の物語・神話』に、加筆・修正し、再編集したものです。肩書や事実関係は、新聞連載時のものです。

単行本　平成三十年四月　産経新聞出版刊

取材班スタッフ

安本寿久（やすもと・としひさ）

昭和33年、兵庫県生まれ。大阪社会部次長、編集局次長兼総合編集部長、産経新聞編集長などを経て特別記者編集委員。著書に『評伝廣瀬武夫』、共著に『親と子の日本史』『坂の上の雲をゆく』『人口減少時代の読み方』など。

坂本英彰（さかもと・ひであき）

昭和38年、和歌山県生まれ。社会部、文化部次長、外信部次長などを経て総合編集部次長。長期連載に「世界遺産　屋久島」「国境と民」、共著に『凛として―日本人の生き方』など。

松岡達郎（まつおか・たつろう）

昭和43年、福岡県生まれ。松江支局、阪神支局、社会部、経済部、神戸総局次長、経済部次長を経て総合編集部次長。共著に『親と子の日本史』『大阪の20世紀』など。

川西健士郎（かわにし・けんしろう）

昭和51年、東京都生まれ。福井支局、大津支局、奈良支局、大阪社会部を経て津支局記者。北陸の白山信仰、近江、大和の考古学などを取材し、白山信仰に関しては長期連載した。

安田奈緒美（やすだ・なおみ）

昭和51年、島根県生まれ。奈良支局、整理部、社会部、文化部を経て経済部記者。平成27年には神武天皇の建国神話を題材にした交声曲「海道東征」のコンサート開催に携わった。

恵守 乾（えもり・かん）

昭和54年、宮崎県生まれ。カメラマンとして入社し、ニュース担当、スポーツ担当、京都総局駐在を経て再度、ニュース担当。スポーツから神話まで幅広く取材。

装幀　伏見さつき
DTP　佐藤敦子
写真・地図　産経新聞社

産経NF文庫

神話のなかのヒメたち

二〇一九年十月十九日　第一刷発行

著　者　産経新聞取材班

発行者　皆川豪志

発行・発売　株式会社　潮書房光人新社

〒100-8077　東京都千代田区大手町一-七-二

電話／〇三-六二八一-九八九一(代)

印刷・製本　凸版印刷株式会社

定価はカバーに表示してあります

乱丁・落丁のものはお取りかえ致します。本文は中性紙を使用

ISBN978-4-7698-7016-6　C0195

http://www.kojinsha.co.jp

産経NF文庫の既刊本

国民の神話
日本人の源流を訪ねて

産経新聞社

乱暴者だったり、色恋に夢中になったりと、実に人間味豊かな神様たちが多く登場し、躍動します。感受性豊かな祖先が築き上げた素晴らしい日本を、もっともっと好きになる一冊です。日本人であることを楽しく、誇らしく思わせてくれるもの、それが神話です！

定価〈本体820円＋税〉　ISBN978-4-7698-7004-3

神武天皇はたしかに存在した
神話と伝承を訪ねて

産経新聞取材班

（神武東征という）長旅があって初めて、天照大御神の孫のニニギノミコトを地上界での祖とする皇室は大和に至り、天皇と名乗って「天の下治らしめしき」ことができたのである。東征は、皇室制度のある現代日本を生んだ偉業、そう言っても過言ではない。（序章より）

定価〈本体810円＋税〉　ISBN978-4-7698-7008-1

日本人なら知っておきたい英雄 ヤマトタケル

産経新聞取材班

古代天皇時代、九州や東国の反乱者たちを制し、大和への帰還目前に非業の死を遂げた英雄ヤマトタケル。神武天皇から受け継いだ日本の「国固め」に捧げた生涯を南は鹿児島から北は岩手まで、日本各地を巡り、地元の伝承を集め、郷土史家の話に耳を傾けて綴る。

定価〈本体810円＋税〉　ISBN 978-4-7698-7015-9